해봐요

문해력 초등 **한글**

3 단계

《문해력 초등 한글》은 예비 초등생과 초등 저학년을 대상으로 만든 한글 책입니다.
60일 만에 자모음부터 겹받침 글자까지 체계적으로 배울 수 있습니다.

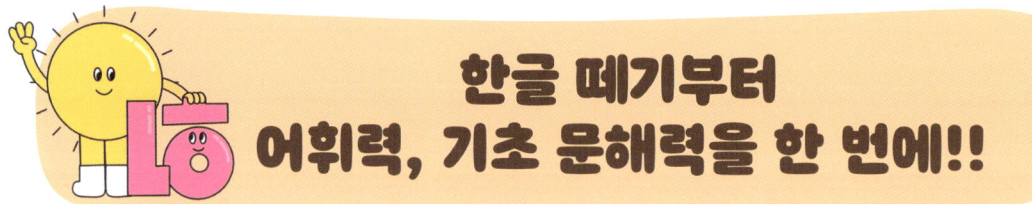

한글 떼기부터
어휘력, 기초 문해력을 한 번에!!

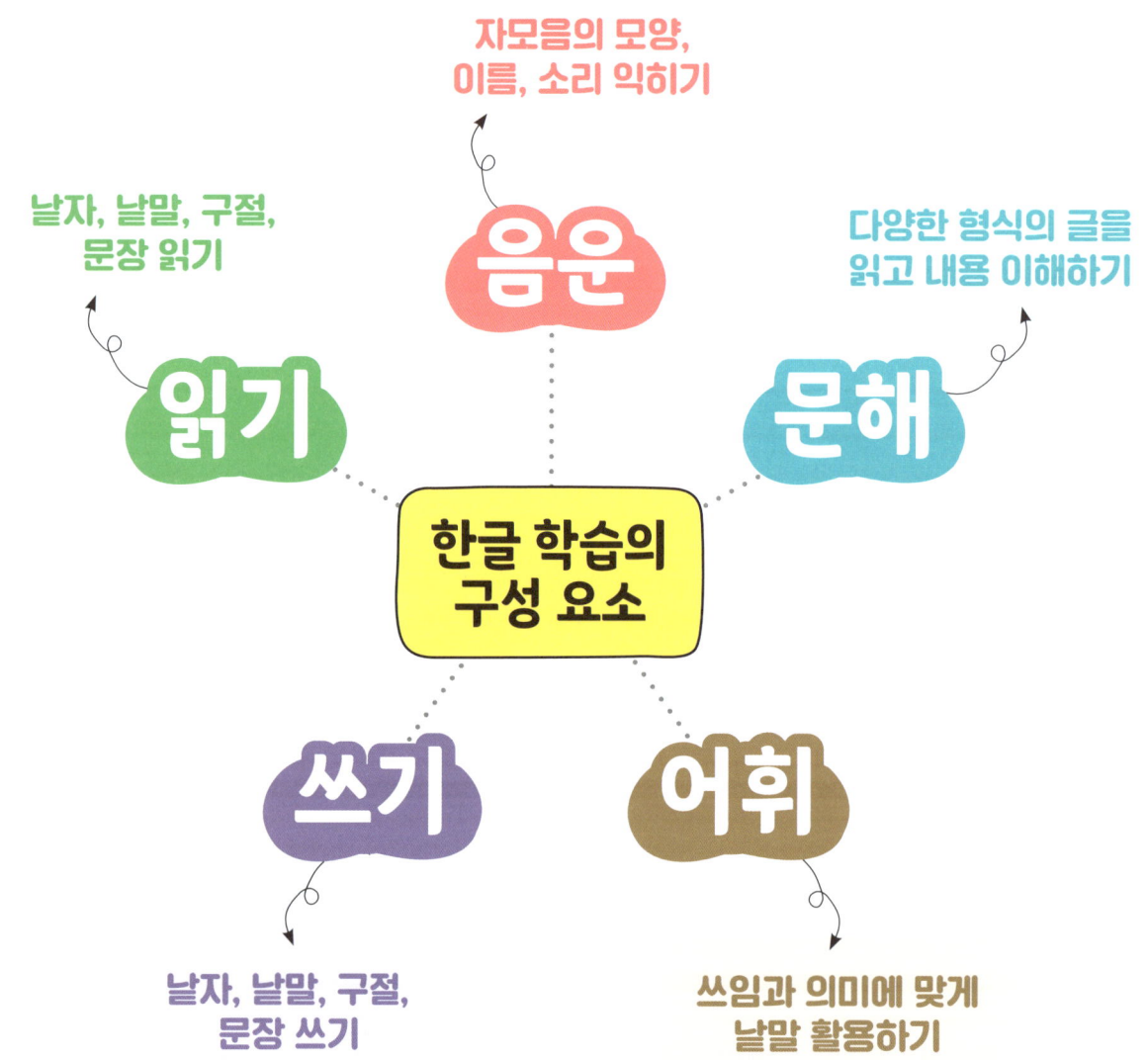

음운 - 자모음의 모양, 이름, 소리 익히기

읽기 - 낱자, 낱말, 구절, 문장 읽기

문해 - 다양한 형식의 글을 읽고 내용 이해하기

쓰기 - 낱자, 낱말, 구절, 문장 쓰기

어휘 - 쓰임과 의미에 맞게 낱말 활용하기

한글 학습의 구성 요소

다섯 가지 특징

1. 한글 떼기는 물론, **700여 개의 낱말과 비슷한 구절 등을 통해 어휘력**까지 키울 수 있어요.

2. 시각적인 **가획 원리, QR 코드를 활용**한 청각 자극을 통해 글자의 모양과 소리를 쉽게 익힐 수 있어요.

3. **배운 글자를 반복적으로 제시**하여 **자연스럽게 복습 효과**를 얻을 수 있어요.

4. 받침 글자의 난이도를 고려하여 '**쉬운 받침**'과 '**어려운 받침**'을 **구분**하여 받침 글자를 쉽고 점진적으로 익힐 수 있어요.

5. 리듬감 있게 구성한 말놀이 글감, 다양한 형식의 30여 편 글감과 **질문**을 통해 재미있고 자연스럽게 **기초 문해력**을 키울 수 있어요.

"이렇게 활용해요"

만나요

배울 글자를 미리 만나 보며 스티커 붙이기

해 봐요

어려운 받침

글자와 소리를 비교하며 낱말 읽고 쓰기

글자와 소리가 다른 받침 낱말 읽고 쓰기

다양한 형식의 글감을 읽고 글의 내용을 파악하기

글에 쓰인 받침 낱말 읽고 쓰기

1일

다양한 방법으로 받침 낱말 확인하기

쌍받침

홑받침 글자와 쌍받침 글자의 모양과 소리를 비교하며 쌍받침 낱말 익히기

문장 속에서 받침 글자의 쓰임 확인하기

쌍받침이 들어간 낱말 읽고 쓰기

구절이나 문장 속에서 쌍받침 낱말 읽고 쓰기

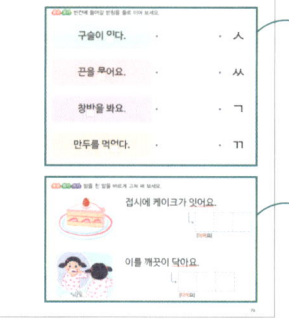

16일

다양한 방법으로 쌍받침 낱말 확인하기

잘못 쓰인 쌍받침 낱말을 바르게 고쳐 쓰며 학습 내용 확인하기

겹받침

17일

- 홑받침 글자와 겹받침 글자의 모양과 소리를 비교하며 겹받침 낱말 익히기
- 겹받침이 들어간 낱말 읽고 쓰기
- 구절이나 문장 속에서 겹받침 낱말 읽고 쓰기
- 자주 쓰이지 않는 겹받침 낱말 보충 학습하기
- 문장 속에서 받침 낱말의 쓰임 확인하기
- 다양한 방법으로 겹받침 낱말 확인하기
- 잘못 쓰인 겹받침 낱말을 바르게 고쳐 쓰며 학습 내용 확인하기

정리해요

5일

- 글자와 소리가 다른 어려운 받침 낱말을 수수께끼, 길 찾기 등 다양한 활동으로 확인하기
- 잘못 쓰인 받침 낱말을 바르게 고쳐 쓰며 학습 내용 확인하기

20일

- 쌍받침·겹받침 낱말을 길찾기, 고르기 등 다양한 활동으로 확인하기
- 잘못 쓰인 쌍받침·겹받침 낱말을 바르게 고쳐 쓰며 학습 내용 확인하기

"무엇을 배울까요?"

3단계

똑똑 어려운 받침 ❶

1일	ㄱ받침	10
2일	ㄴ받침	14
3일	ㄷ받침	18
4일	ㄹ받침	22
5일	쏙쏙 어려운 받침 ❶	26

똑똑 어려운 받침 ❷

6일	ㅁ받침	32
7일	ㅂ받침	36
8일	ㅅ받침	40
9일	ㅇ받침	44
10일	쏙쏙 어려운 받침 ❷	48

1단계 에서 만나요

1일	ㅣ, ㅏ, ㅑ	8일	ㄷ, ㅌ	15일	나~니, 라~리
2일	ㅓ, ㅕ	9일	ㅁ, ㅂ, ㅍ	16일	쏙쏙 받침 없는 글자 ❶
3일	ㅡ, ㅗ, ㅛ	10일	ㅅ, ㅈ, ㅊ	17일	다~디, 타~티
4일	ㅜ, ㅠ	11일	ㅇ, ㅎ	18일	마~미, 바~비, 파~피
5일	쏙쏙 기본 모음	12일	쏙쏙 기본 자음	19일	사~시, 자~지, 차~치
6일	ㄱ, ㅋ	13일	아~이, 하~히	20일	쏙쏙 받침 없는 글자 ❷
7일	ㄴ, ㄹ	14일	가~기, 카~키		

똑똑 어려운 받침 ❸

11일	ㅈ받침	54
12일	ㅊ받침	58
13일	ㅋ·ㅌ받침	62
14일	ㅍ·ㅎ받침	66
15일	쏙쏙 어려운 받침 ❸	70

똑똑 쌍받침·겹받침

16일	ㄲ·ㅆ받침	76
17일	ㄴㅈ·ㄴㅎ받침	80
18일	ㄹㄱ·ㄹㅂ받침	84
19일	ㄹㅁ·ㄹㅎ받침	88
20일	쏙쏙 쌍받침·겹받침	92

2단계 에서 만나요

1일	ㅇ받침		8일	ㄲ		15일	ㅔ	
2일	ㄱ받침		9일	ㄸ		16일	ㅚ, ㅟ	
3일	ㄴ받침		10일	ㅃ		17일	ㅘ, ㅝ	
4일	ㄹ받침		11일	ㅆ		18일	ㅞ, ㅢ	
5일	ㅁ받침		12일	ㅉ		19일	ㅐ, ㅙ, ㅒ	
6일	ㅂ받침		13일	쏙쏙 된소리		20일	쏙쏙 복잡한 모음	
7일	쏙쏙 쉬운 받침		14일	ㅐ				

똑똑 어려운 받침 ①
글자와 소리가 다른 낱말

🟡 동네 상가의 여러 장소를 살펴보고 알맞은 **글자 스티커**를 붙여 보세요.

ㄱ 받침

음운 읽기 쓰기 글자와 소리를 비교하며 읽고 따라 써 보세요.

[아거]

💬 ㄱ받침이 뒷말 첫소리로 소리 나요.

먹이   목욕탕   녹음

[국짜]

💬 ㄱ받침의 뒷말 첫소리가 된소리로 소리 나요.

악기   식구   낙지

》 ㄱ받침은 [윽] 소리가 나지만, 읽을 때 받침이 뒷말 첫소리로 소리 나거나 뒷말 첫소리를 된소리로 바꾸기도 합니다.
이러한 점을 구체적으로 설명하기보다는 '소리가 달라도 ㄱ받침 글자는 그대로 써야 한다.'는 점을 알고 소리와 글자를 대응해서 익히도록 해 주세요.

🟩읽기 🟪쓰기 🟦문해 생일잔치에 대한 글을 읽고 물음에 알맞은 말에 ◯표를 한 뒤, 글자를 옮겨 써 보세요.

식구들이 생일을 축하해요.
미역국을 먹어요.
복숭아랑 수박도 먹어요.
선물은 예쁜 목걸이예요.

📖 식구들이 무엇을 하나요?

❶ 생일을 축하해요.   ❷ 노래를 불러요.

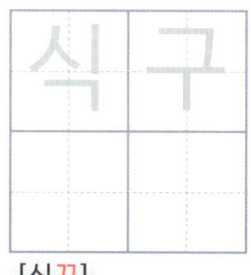
[식꾸]

[추카]

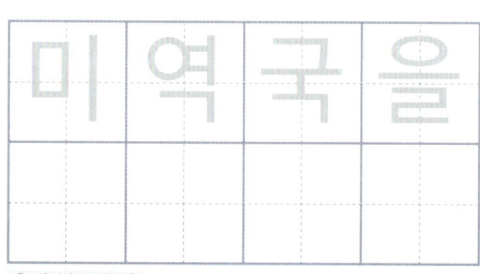
[미역꾸글]

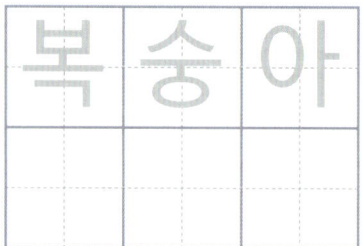
[복쑹아]

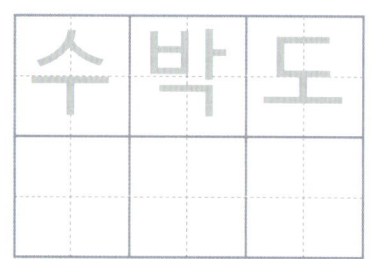
[수ː박또] ː는 길게 내는 소리를 나타내요.

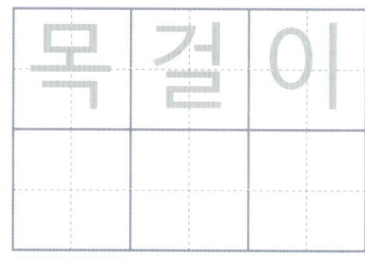
[목꺼리]

≫ 글 읽기의 즐거움을 느낄 수 있도록 읽는 것을 도와주되, 파란색 낱말을 읽고 쓰는 것에 중점을 두어 지도해 주세요. '미역국을', '수박도' 처럼 낱말 뒤에 조사가 붙어서 소리가 달라지는 경우도 있습니다. 이러한 점에 주의하여 원래 글자를 살려서 쓰게 해 주세요.

# 재미있게 마무리하기

어휘 읽기 그림에 알맞은 낱말에 O표를 해 보세요.

   복쑹아   보쑹아   복숭아

   소동약   소독약   소독냑

   책상   책쌍   챗상

어휘 쓰기 빈칸에 들어갈 글자를 □에서 골라 써 보세요.

국   꾹   악   아

떡
약

기
어

ㄴ받침

음운 읽기 쓰기 글자와 소리를 비교하며 읽고 따라 써 보세요.

글자: 문어

소리: [무너]

💬 ㄴ받침이 뒷말 첫소리로 소리 나요.

한약 군인 분유

글자: 손수건

소리: [손쑤건]

💬 ㄴ받침의 뒷말 첫소리가 된소리로 소리 나요.

눈길 손가락 산새

» ㄴ받침은 [은] 소리가 나지만, 읽을 때 받침이 뒷말 첫소리로 소리 나거나 뒷말 첫소리를 된소리로 바꾸기도 합니다.
'소리가 달라도 ㄴ받침 글자는 그대로 써야 한다.'는 점을 알고 소리와 글자를 대응해서 익히도록 해 주세요.

읽기 쓰기 문해 병원에 대한 글을 읽고 물음에 알맞은 말에 ◯표를 한 뒤, 글자를 옮겨 써 보세요.

아프면 병원에 가서 진료를 받아요.
눈이 아프면 안과에 가요.
눈길에서 다치면 정형외과에 가요.
침을 맞으려면 한의원에 가요.

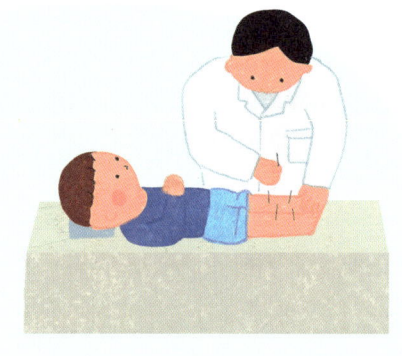

📖 아프면 어디에 가서 진료를 받나요?

① 학교에 가서   ② 병원에 가서

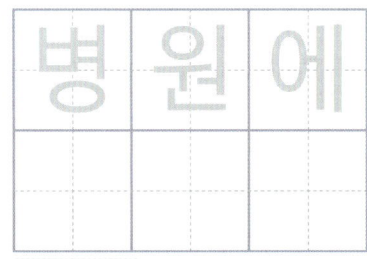
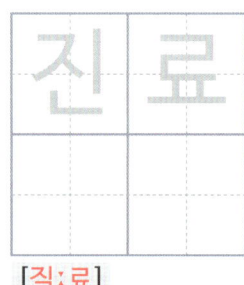
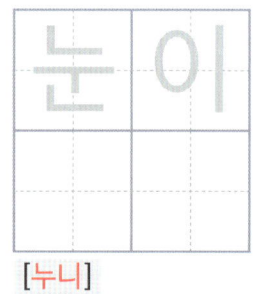

[병ː워네]   [질ː료]   [누니]

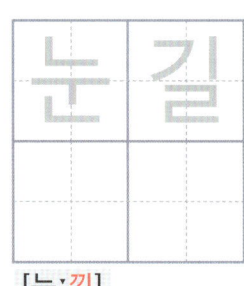

[안ː꽈]   [눈ː낄]   [하ː늬원]

» '병원에', '눈이'처럼 낱말 뒤에 모음으로 시작되는 조사가 붙을 때에도 ㄴ받침이 뒷말 첫소리로 소리 납니다.
문장에서는 이러한 점에 주의하여 ㄴ받침을 살려 쓰도록 해 주세요.

어휘 읽기 그림에 알맞은 낱말에 ◯표를 해 보세요.

 편니점   펴늬점   편의점

 문너   무너   문어

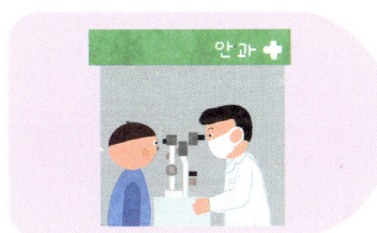 앙과   안과   안꽈

어휘 쓰기 빈칸에 들어갈 글자를 □에서 골라 써 보세요.

가 쑤 까 하 수 한

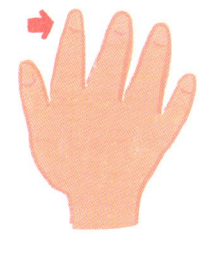

손		락
건		

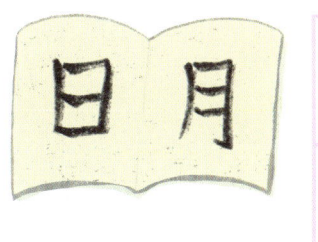

	자
약	

ㄷ받침

음운 읽기 쓰기 글자와 소리를 비교하며 읽고 따라 써 보세요.

글자: 디귿 받침 / 받침
소리: [받침]
ㄷ받침은 그대로 ㄷ소리가 나요.

곧

글자: 굳은살
소리: [구든살]
ㄷ받침이 뒷말 첫소리로 소리 나요.

낱알   받아쓰기

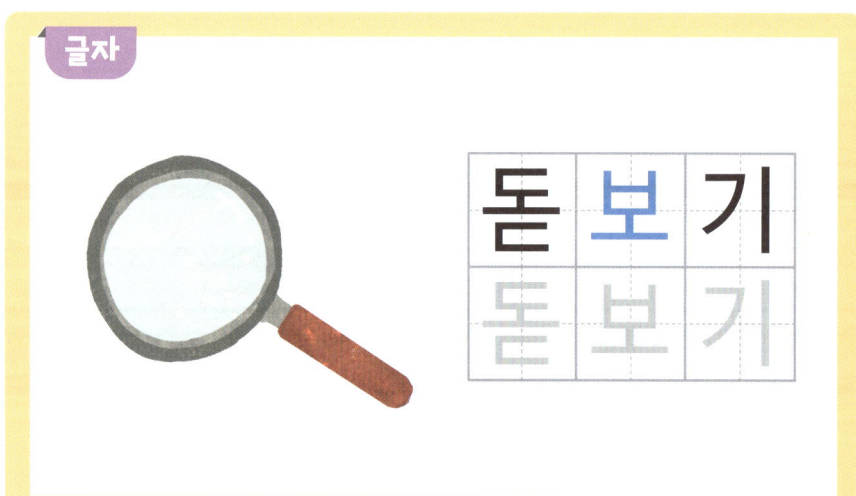

글자: 돋보기
소리: [돋뽀기]
ㄷ받침의 뒷말 첫소리가 된소리로 소리 나요.

걷다   숟가락

» ㄷ받침은 [읃] 소리가 나지만, 읽을 때 받침이 뒷말 첫소리로 소리 나거나 뒷말 첫소리를 된소리로 바꾸기도 합니다.
  '소리가 달라도 ㄷ받침 글자는 그대로 써야 한다.'는 점을 알고 소리와 글자를 대응해서 익히도록 해 주세요.

읽기 쓰기 낱말을 읽고 써 보세요.

낱알
[나:달]

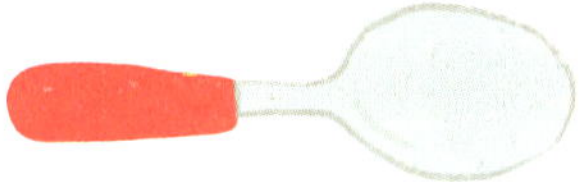

숟가락
[숟까락]

걷다
[걷:따]

받다
[받따]

닫다
[닫따]

싣다
[실:따]

듣다
[듣따]

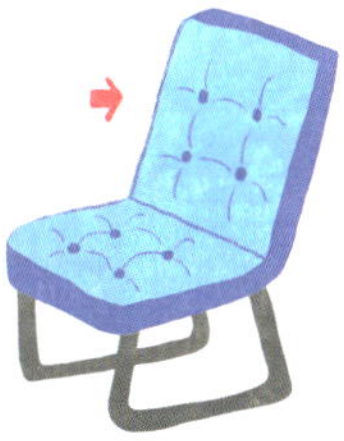

등받이
[등바지]

맏이
[마지]

해돋이
[해도지]

》 '등받이', '맏이', '해돋이'는 읽을 때 ㄷ받침이 뒷말 첫소리로 가서 ㅈ으로 소리 나지만, 쓸 때에는 ㄷ받침을 그대로 살려 써야 한다는 점을 알게 해 주세요.

읽기 쓰기 문해 민하와 할머니의 문자 대화를 읽고 물음에 알맞은 말에 ○표를 한 뒤, 글자를 따라 써 보세요.

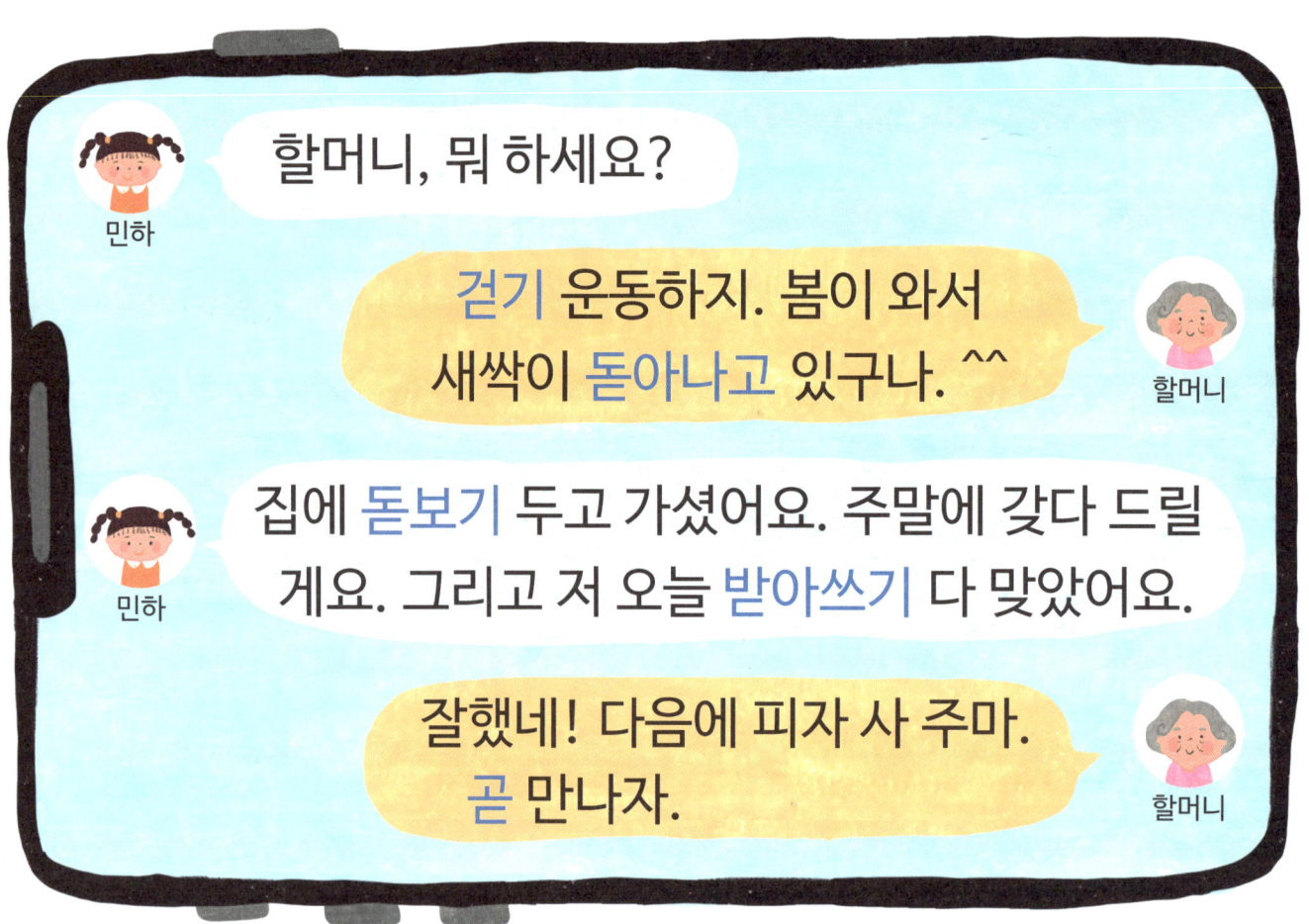

민하: 할머니, 뭐 하세요?

할머니: 걷기 운동하지. 봄이 와서 새싹이 돋아나고 있구나. ^^

민하: 집에 돋보기 두고 가셨어요. 주말에 갖다 드릴게요. 그리고 저 오늘 받아쓰기 다 맞았어요.

할머니: 잘했네! 다음에 피자 사 주마. 곧 만나자.

📖 할머니는 무엇을 하고 계셨나요?

① 받아쓰기   ② 걷기 운동

걷기
[걷ː끼]

돋아나고
[도다나고]

돋보기
[돋뽀기]

받아쓰기
[바다쓰기]

곧
[곧]

어휘 읽기 그림에 알맞은 낱말에 ○표를 해 보세요.

   숙가락   숟까락   숟가락

   바다쓰기   받다쓰기   받아쓰기

   듣다   득다   듣따

어휘 쓰기 빈칸에 들어갈 글자를 □에서 골라 써 보세요.

박 받 독 돋

ㄹ받침

음운 읽기 쓰기 글자와 소리를 비교하며 읽고 따라 써 보세요.

[거름]

ㄹ받침이 뒷말 첫소리로 소리 나요.

졸음   놀이터   월요일

[발까락]

ㄹ받침의 뒷말 첫소리가 된소리로 소리 나요.

발등   밀가루   철길

>> ㄹ받침은 [을] 소리가 나지만, 읽을 때 받침이 뒷말 첫소리로 소리 나거나 뒷말 첫소리를 된소리로 바꾸기도 합니다.
'소리가 달라도 ㄹ받침 글자는 그대로 써야 한다.'는 점을 알고 소리와 글자를 대응해서 익히도록 해 주세요.

월 일

읽기 쓰기 낱말을 읽고 써 보세요.

놀이터	물음표	졸음
[노리터]	[무름표]	[조ː름]

물개	발등	철길	밀가루
[물깨]	[발뜽]	[철낄]	[밀까루]

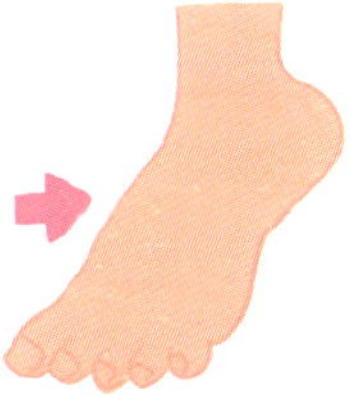

물감	물방울	알약	설날
[물깜]	[물빵울]	[알략]	[설ː랄]

» '알약', '설날'은 읽을 때 뒷말 첫소리가 ㄹ로 소리 나지만, 쓸 때에는 원래 글자를 그대로 살려 써야 한다는 점을 알게 해 주세요.

읽기 쓰기 문해 송이가 쓴 쪽지를 읽고 물음에 알맞은 말에 〇표를 한 뒤, 글자를 옮겨 써 보세요.

아빠,
일요일에 개울가에 놀러 가요.
물안경을 가져가서
물놀이도 하고
물고기도 잡고 싶어요.

－송이 드림－

📖 송이는 어디에 놀러 가자고 하나요?

❶ 개울가에   ❷ 바닷가에

일요일에 [이료이레]

개울가 [개울까]

물안경 [무란경]

물놀이 [물로리]

물고기 [물꼬기]

 재미있게 마무리하기

어휘 읽기 그림에 알맞은 낱말에 ◯표를 해 보세요.

   물꼬기   물고기   물곡이

   노리터   놀리터   놀이터

   밀가루   밀까루   믹가루

어휘 쓰기 빈칸에 들어갈 글자를 ▢에서 골라 써 보세요.

가 뜽 무 등 물 까

쏙쏙 어려운 받침 ① 글자와 소리가 다른 낱말

● 그림에 알맞은 글자를 찾아 ○표를 하고 빈칸에 써 보세요.

떡 　 　 　 꾹 국 굳

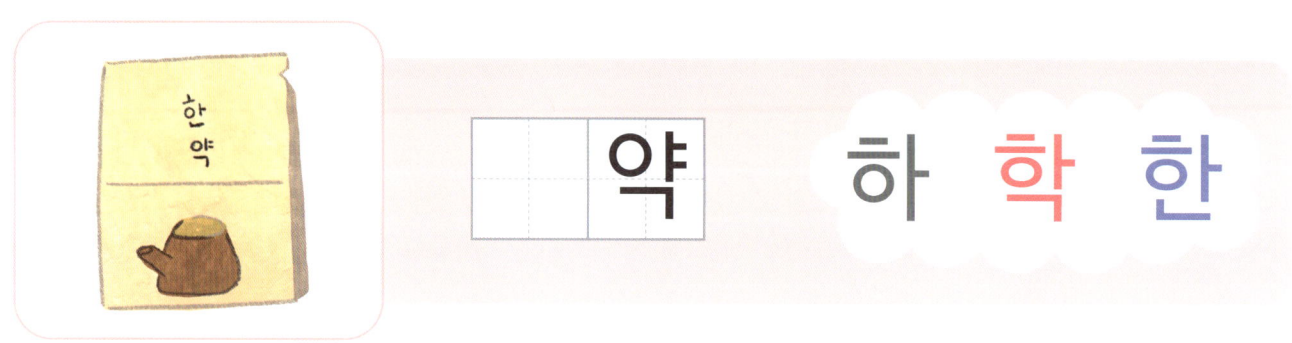

　 약 　 하 학 한

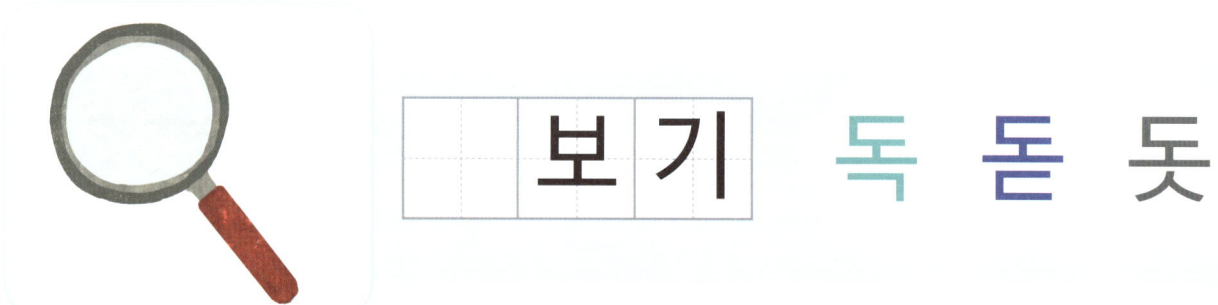

　 보기 　 독 돋 돗

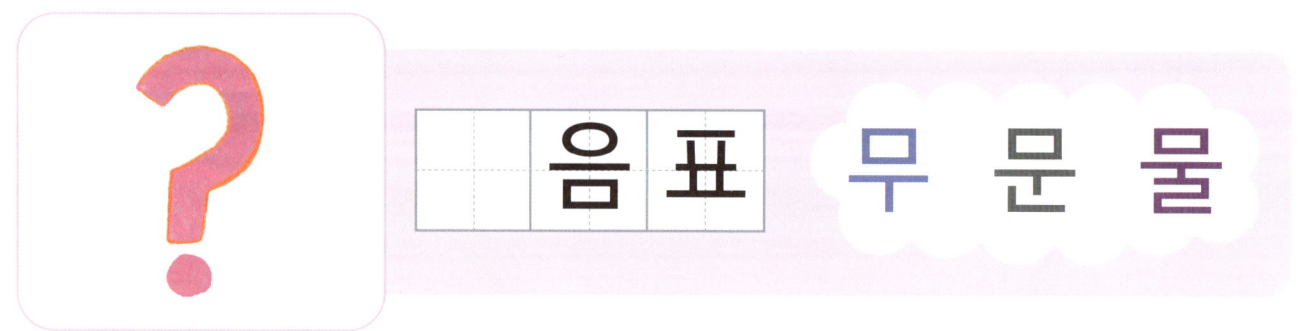

　 음표 　 무 문 물

● 친구들이 어디로 가야 하는지 길을 따라가며 알맞은 낱말을 찾아 ○표를 해 보세요.

약을 사러 가요.

약국

약국

몸을 씻으러 가요.

목욕탕

모곡탕

아이스크림을 사러 가요.

편늬점

편의점

눈이 아파서 치료하러 가요.

안과

안꽈

떡볶이를 먹으려면 맞는 글자를 따라가야 한대요. 그림에 알맞은 낱말을 골라 ○표를 하며 길을 따라가 보세요.

● 빈칸에 들어갈 말로 바른 것을 ▭에서 골라 ○표를 하고 옮겨 써 보세요.

생일을 ☐☐ 해요.
축하 추카

☐☐☐를 해요.
물로리 물놀이

새싹이 ☐☐☐☐.
도다나요 돋아나요

● 밑줄 친 말을 바르게 고쳐 써 보세요.

복쑹아를 먹어요.
↳ ☐☐☐

눈낄에서 미끄러져요.
↳ ☐☐

똑똑 어려운 받침 ②
글자와 소리가 다른 낱말

공룡

땀방울
줄넘기

입안

🟡 학교의 여러 장소를 살펴보고 알맞은 **글자 스티커**를 붙여 보세요.

ㅁ 받침

음운 읽기 쓰기 글자와 소리를 비교하며 읽고 따라 써 보세요.

글자: 음악

소리: [으막]

💬 ㅁ받침이 뒷말 첫소리로 소리 나요.

금요일   검은색   참외

글자: 침방울

소리: [침빵울]

💬 ㅁ받침의 뒷말 첫소리가 된소리로 소리 나요.

봄비   밤길   울음소리

» ㅁ받침은 [음] 소리가 나지만, 읽을 때 받침이 뒷말 첫소리로 소리 나거나 뒷말 첫소리를 된소리로 바꾸기도 합니다.
'소리가 달라도 ㅁ받침 글자는 그대로 써야 한다.'는 점을 알고 소리와 글자를 대응해서 익히도록 해 주세요.

🟢읽기 🩷쓰기 🟣문해 그림일기를 읽고 물음에 알맞은 말에 ○표를 한 뒤, 글자를 따라 써 보세요.

📖 점심에 무엇을 먹었나요?

❶ 미역국   ❷ 곰국

[점ː시메]

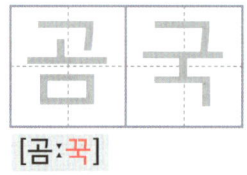
[곰ː꾹]

[따미]

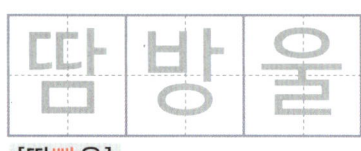
[땀빵울]

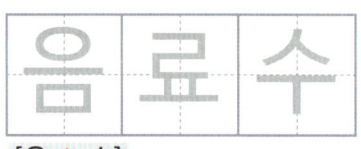
[음ː뇨수]

≫ '점심에', '땀이'처럼 낱말 뒤에 모음으로 시작된 조사가 붙을 때에도 ㅁ받침이 뒷말 첫소리로 소리 납니다. 이러한 점에 주의하여 ㅁ받침을 살려 쓰도록 해 주세요. 또한 '음료수'는 ㅁ받침 뒤의 ㄹ이 ㄴ으로 소리 나지만 원래 글자를 그대로 살려 쓰도록 해 주세요.

재미있게 마무리하기

어휘 읽기 문해 그림에 알맞은 낱말에 ○표를 해 보세요.

보슬보슬 — 봄삐 / 봄비

길쭉길쭉 — 더듬이 / 더드미

어휘 쓰기 문해 그림에 알맞은 말을 ☐에서 골라 빈칸에 써 보세요.

| 기 | 럼 | 외 | 넘 | 참 | 줄 |

달콤한  를 먹어요.

신나게 ⌇ 를 해요.

ㅂ받침

음운 읽기 쓰기 글자와 소리를 비교하며 읽고 따라 써 보세요.

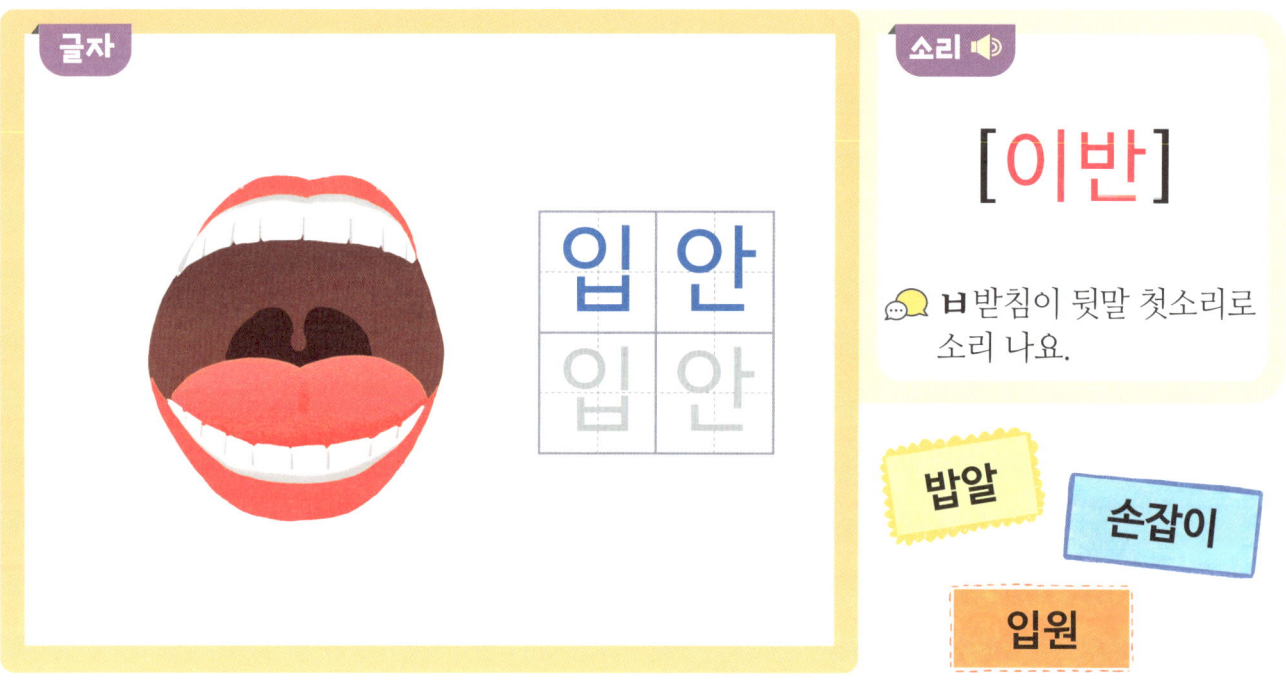

글자: 입안

소리: [이반]

💬 ㅂ받침이 뒷말 첫소리로 소리 나요.

밥알 손잡이 입원

글자: 밥상

소리: [밥쌍]

💬 ㅂ받침의 뒷말 첫소리가 된소리로 소리 나요.

급식 연습장 입술

》 ㅂ받침은 [읍] 소리가 나지만, 읽을 때 받침이 뒷말 첫소리로 소리 나거나 뒷말 첫소리를 된소리로 바꾸기도 합니다.
'소리가 달라도 ㅂ받침 글자는 그대로 써야 한다.'는 점을 알고 소리와 글자를 대응해서 익히도록 해 주세요.

읽기 쓰기 문해 급식 안내문을 읽고 물음에 알맞은 말에 ◯표를 한 뒤, 글자를 옮겨 써 보세요.

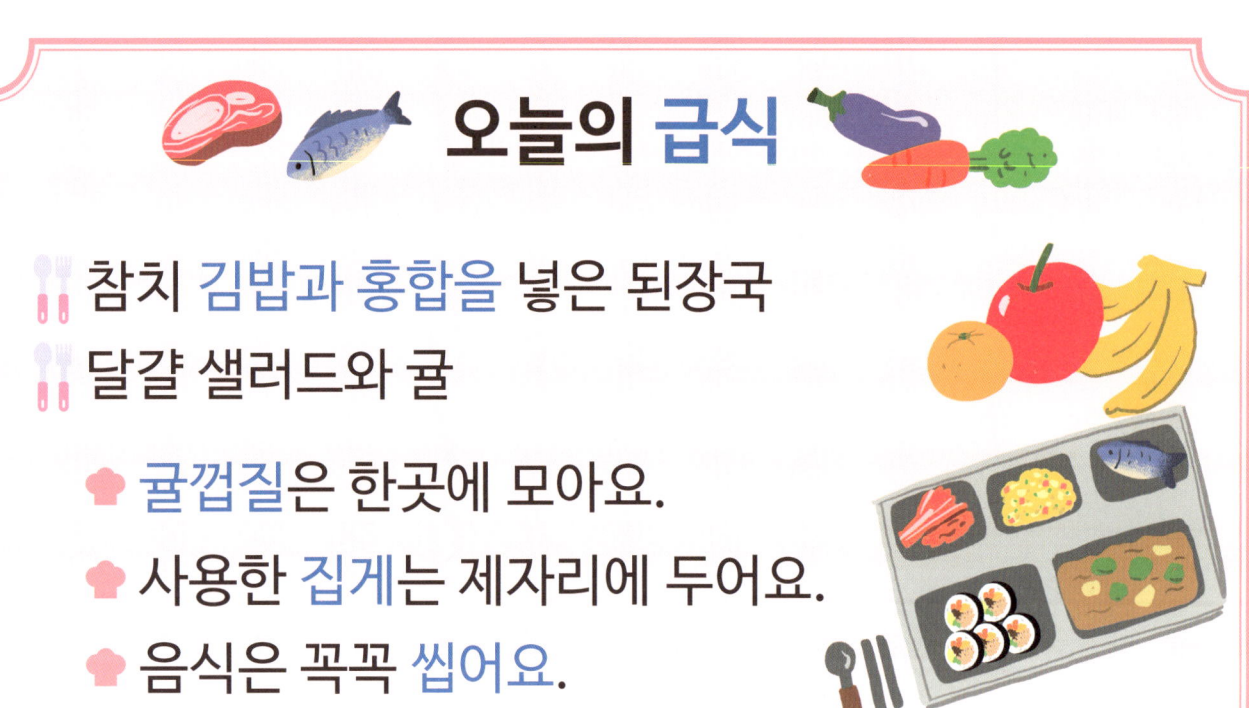

오늘의 급식

- 참치 김밥과 홍합을 넣은 된장국
- 달걀 샐러드와 귤

  - 귤껍질은 한곳에 모아요.
  - 사용한 집게는 제자리에 두어요.
  - 음식은 꼭꼭 씹어요.

📖 오늘의 급식 메뉴는 무엇인가요?

① 주먹밥과 김치찌개   ② 김밥과 된장국

[급씩]

[김ː빱꽈]

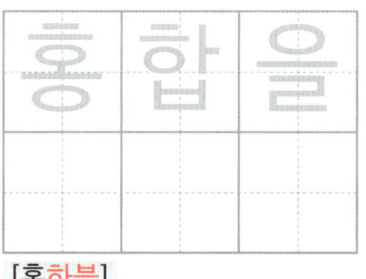
[홍하블]

[귤껍찔]

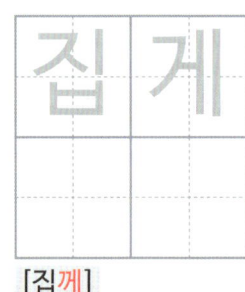
[집께]

[씨버요]

》 '홍합을', '씹어요'는 읽을 때에는 ㅂ받침이 뒷말 첫소리로 소리 나지만, 쓸 때에는 ㅂ받침을 그대로 살려 써야 한다는 점을 알게 해 주세요.

어휘 읽기 문해 그림에 알맞은 낱말에 ○표를 해 보세요.

오물오물 — 입술 / 입쑬

둥글둥글 — 접씨 / 접시

어휘 쓰기 문해 그림에 알맞은 말을 ☐에서 골라 빈칸에 써 보세요.

| 손 | 이 | 잡 | 알 | 자 | 밥 |

아기가 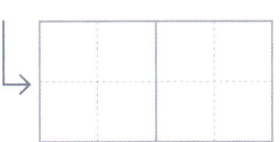 을 흘려요.

가방  가 떨어졌어요.

ㅅ받침

음운 읽기 쓰기 글자와 소리를 비교하며 읽고 따라 써 보세요.

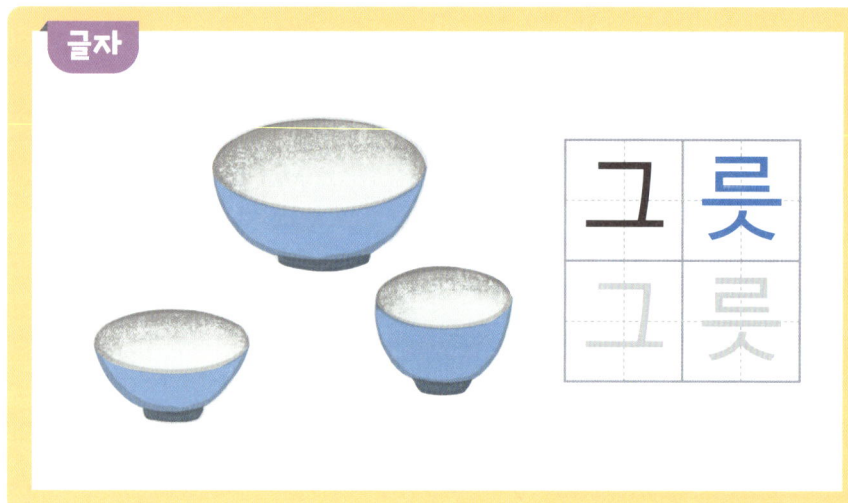

소리 🔊

[그른]

💬 ㅅ받침이 ㄷ으로 소리 나요.

빗   비옷

소리 🔊

[젇까락]

💬 ㅅ받침이 ㄷ으로, 뒷말 첫소리가 된소리로 소리 나요.

바닷가   촛불

소리 🔊

[빈물]

💬 ㅅ받침이 ㄴ으로 소리 나요.

콧물   수돗물

>> ㅅ받침은 [읃] 소리가 나지만, 읽을 때 ㄴ으로 소리 나거나 뒷말 첫소리를 된소리로 바꾸기도 합니다.
'소리가 달라도 ㅅ받침 글자는 그대로 살려서 써야 한다.'는 점을 알고 소리와 글자를 대응해서 익히도록 해 주세요.

읽기 쓰기 낱말을 읽고 써 보세요.

셋	비옷	숫자	바닷가
[센ː]	[비옫]	[숟ː짜]	[바닫까]

깃발	촛불	이삿짐	냇가
[긷빨]	[촏뿔]	[이산찜]	[낻ː까]

콧물	수돗물	잇몸	웃음
[콘물]	[수돈물]	[인몸]	[우슴]

» '웃음'은 읽을 때 ㅅ받침이 뒷말 첫소리로 소리 나지만, 쓸 때에는 ㅅ받침을 그대로 살려서 쓴다는 점을 알게 해 주세요.

읽기 쓰기 문해 동시를 읽고 물음에 알맞은 말에 ◯표를 한 뒤, 글자를 따라 써 보세요.

장보기

엄마 따라 마트 가면
버섯을 사고 풋고추도 사고
칫솔, 빗, 옷걸이도 사고.

또 또 또….
다 사려면 아직 멀었나?
눈은 핫도그 가게를 힐끔힐끔.

📖 왜 핫도그 가게를 힐끔거렸을까요?

① 핫도그가 먹고 싶어서   ② 집에 가고 싶어서

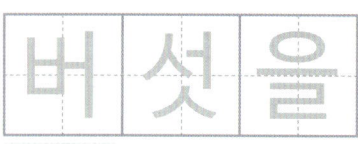
[버서슬]

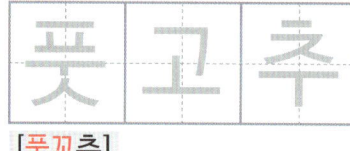
[푿꼬추]

[칟쏠]

[빋]

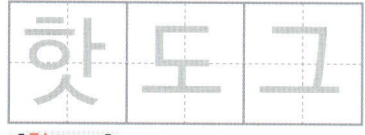
[옫꺼리]

핫도그
[핟또그]

재미있게 마무리하기

어휘 읽기 문해 그림에 알맞은 낱말에 ○표를 해 보세요.

훌쩍훌쩍 — 콘물 / 콧물

펄럭펄럭 — 깃발 / 기빨

어휘 쓰기 문해 그림에 알맞은 말을 ▭에서 골라 빈칸에 써 보세요.

푸 칫 고 추 솔 풋

매콤한 를 썰어요.

에 치약을 짜요.

ㅇ 받침

음운 읽기 쓰기 글자와 소리를 비교하며 읽고 따라 써 보세요.

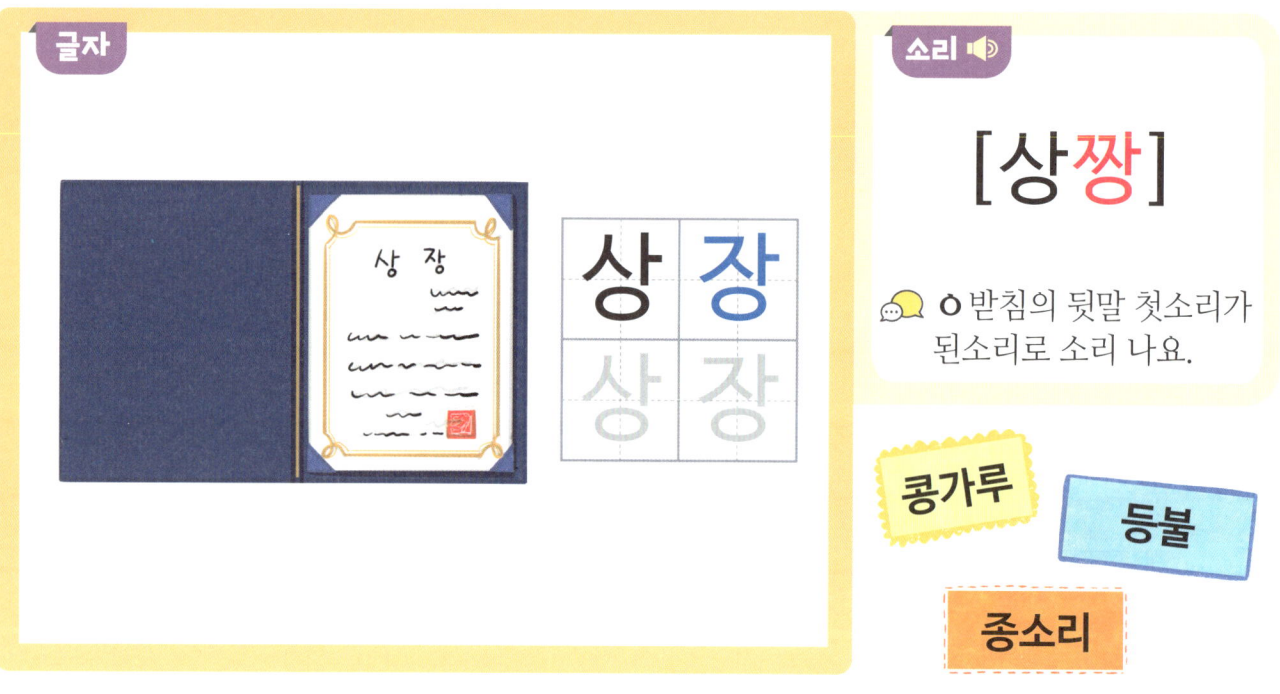

[상짱]

ㅇ받침의 뒷말 첫소리가 된소리로 소리 나요.

콩가루   등불   종소리

[공ː뇽]

ㅇ받침의 뒷말 첫소리 ㄹ이 ㄴ으로 소리 나요.

경례   장롱   정류장

» ㅇ받침은 [응] 소리가 나지만, 읽을 때 뒷말 첫소리가 된소리로 소리 나거나 뒷말 첫소리 ㄹ이 ㄴ으로 소리 나기도 합니다.
'소리가 달라도 쓸 때에는 ㅇ받침을 그대로 살려 써야 한다.'는 점을 알고 소리와 글자를 대응해서 익히도록 해 주세요.

월   일   **9일**

읽기 **쓰기** 낱말을 읽고 써 보세요.

용 돈
[용:똔]

콩 가 루
[콩까루]

종 소 리
[종쏘리]

종 점
[종쩜]

땅 바 닥
[땅빠닥]

빵 집
[빵찝]

땅 굴
[땅꿀]

창 가
[창까]

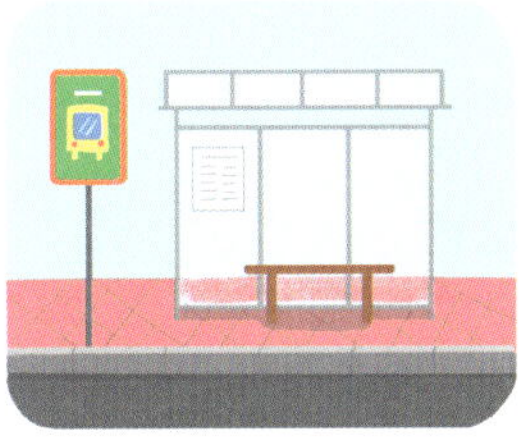

정 류 장
[정뉴장]

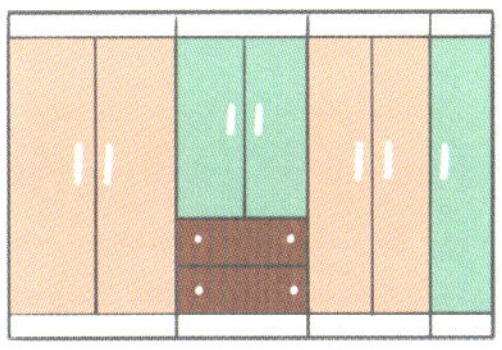

장 롱
[장:농]

경 례
[경:녜]

읽기 쓰기 문해 친구가 말한 내용을 읽고 물음에 알맞은 말에 ○표를 한 뒤, 글자를 따라 써 보세요.

방학 때 한옥 마을에 갔어.
따뜻한 방바닥에서 자고
삼겹살과 된장국도 먹었어.
밤에는 등불 켜고 강가에 갔는데,
강바람이 아주 시원하더라.

📖 친구는 방학 때 어디에 갔나요?

① 한옥 마을   ② 놀이공원

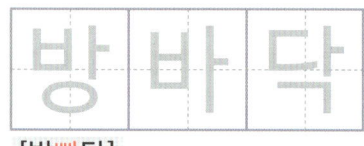

[방빠닥]   [된ː장꾹]

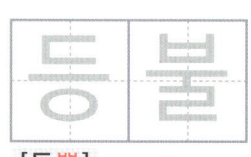  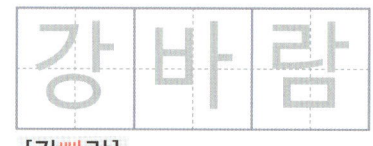

[등뿔]   [강까]   [강빠람]

재미있게 마무리하기

어휘 읽기 문해 그림에 알맞은 낱말에 ○표를 해 보세요.

딸랑딸랑 — 종쏘리 / 종소리

보글보글 — 된장꾹 / 된장국

어휘 쓰기 문해 그림에 알맞은 말을 □에서 골라 빈칸에 써 보세요.

짱 뿔 장 등 상 불

환하게  을 켜요.

벽에  을 걸어요.

쏙쏙 어려운 받침 ② — 글자와 소리가 다른 낱말

● 그림에 알맞은 글자를 찾아 ○표를 하고 빈칸에 써 보세요.

주름 ☐   쌀 살 **살**

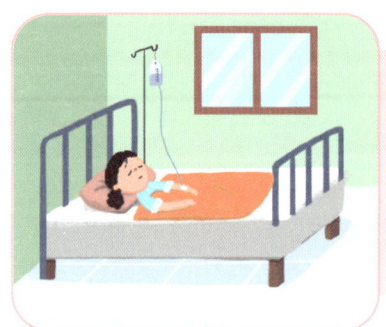

☐ 원   이 **임** 입

☐ 자   숟 **숫** 숩

공 ☐   용 눙 **룡**

10일

● 친구들이 무엇을 설명하는 것인지 길을 따라가며 알맞은 낱말을 찾아 O표를 해 보세요.

친구와 함께 시소를 타려면 맞는 글자를 따라가야 한대요. 그림에 알맞은 낱말을 골라 O표를 하며 길을 따라가 보세요.

입쑬 / 입술 / 집게 / 집께 / 비온 / 비옷 / 상짱 / 상장 / 줄럼끼 / 줄넘기

50

● 빈칸에 들어갈 말로 바른 것을 　　에서 골라 ○표를 하고 옮겨 써 보세요.

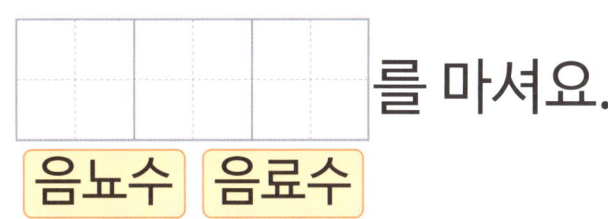

를 마셔요.

음뇨수 음료수

를 사요.

오꺼리 옷걸이

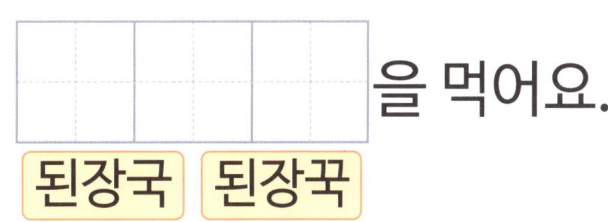

을 먹어요.

된장국 된장꾹

● 밑줄 친 말을 바르게 고쳐 써 보세요.

으막을 들어요.

↳

저까락으로 콩을 집어요.

↳

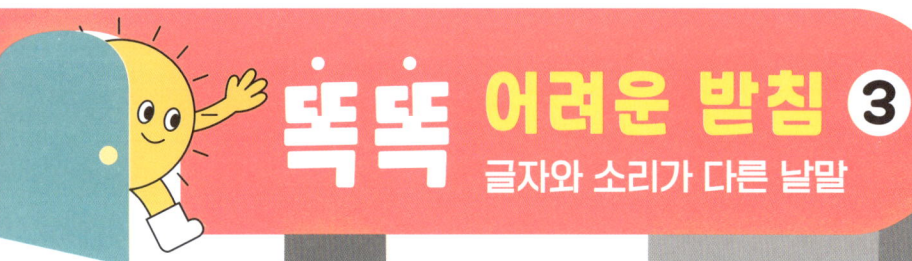

똑똑 어려운 받침 ❸
글자와 소리가 다른 낱말

부엌
밥솥

낳다

낱말

🟡 아파트에 사는 사람들의 모습을 살펴보고 알맞은 **글자 스티커**를 붙여 보세요.

책꽂이

윷놀이

땋다

꽃다발

ㅈ받침

음운 읽기 쓰기 글자와 소리를 비교하며 읽고 따라 써 보세요.

글자 낮

소리 [낟]

ㅈ받침이 ㄷ으로 소리 나요.

지읒   대낮

글자 책꽂이

소리 [책꼬지]

ㅈ받침이 뒷말 첫소리로 소리 나요.

달맞이

글자 늦잠

소리 [늗짬]

ㅈ받침이 ㄷ으로, 뒷말 첫소리가 된소리로 소리 나요.

젖소   맞다

» ㅈ받침은 [읃] 소리가 나지만, 읽을 때 ㅈ받침이 뒷말 첫소리로 소리 나거나 뒷말 첫소리를 된소리로 바꾸기도 합니다.
'소리가 달라도 ㅈ받침 글자는 그대로 살려서 써야 한다.'는 점을 알고 소리와 글자를 대응해서 익히도록 해 주세요.

11일

읽기 쓰기 낱말을 읽고 써 보세요.

읽기 쓰기 문해 사진첩에 쓰인 글을 읽고 물음에 알맞은 말에 ○표를 한 뒤, 글자를 옮겨 써 보세요.

📖 어디에 가서 찍은 사진들인가요?

① 식물원   ② 젖소 농장

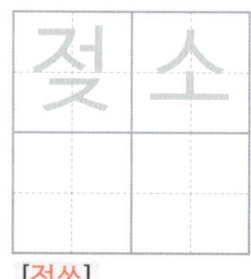
[젇쏘]

[젇뼝]

[지저서]

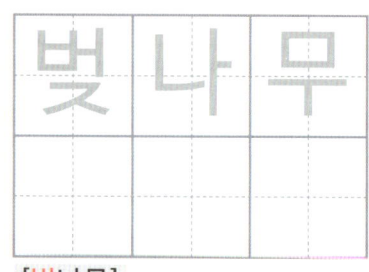
[벋나무]

낮잠
[낟짬]

≫ '벚나무'는 읽을 때 ㅈ받침이 ㄴ으로 소리 나지만, 쓸 때에는 원래 ㅈ받침을 그대로 살려 써야 한다는 점을 알게 해 주세요.

재미있게 마무리하기

어휘 읽기 문해 그림에 알맞은 낱말에 ○표를 해 보세요.

달콤한 🍅 을 먹어요.

곧깜   곶감

책을 📚 에 꽂아요.

책꽂이   책꼬지

어휘 쓰기 문해 그림에 알맞은 말을 🚌 에서 골라 빈칸에 써 보세요.

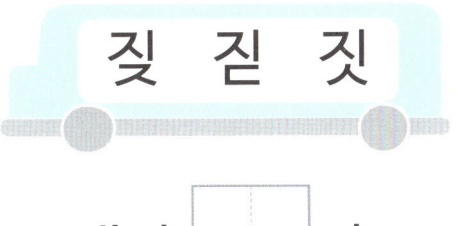

짖 짙 짓

개가 □□어요.

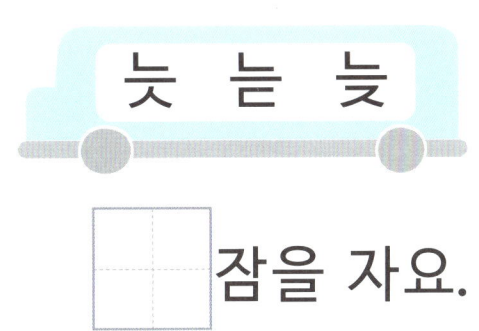

늣 늗 늦

□□잠을 자요.

ㅊ받침

음운 읽기 쓰기 글자와 소리를 비교하며 읽고 따라 써 보세요.

글자

소리 🔊
[꼳]
💬 ㅊ받침이 ㄷ으로 소리 나요.

글자

소리 🔊
[꼳뼝]
💬 ㅊ받침이 ㄷ으로, 뒷말 첫소리가 된소리로 소리 나요.

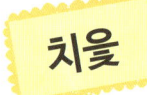 

글자
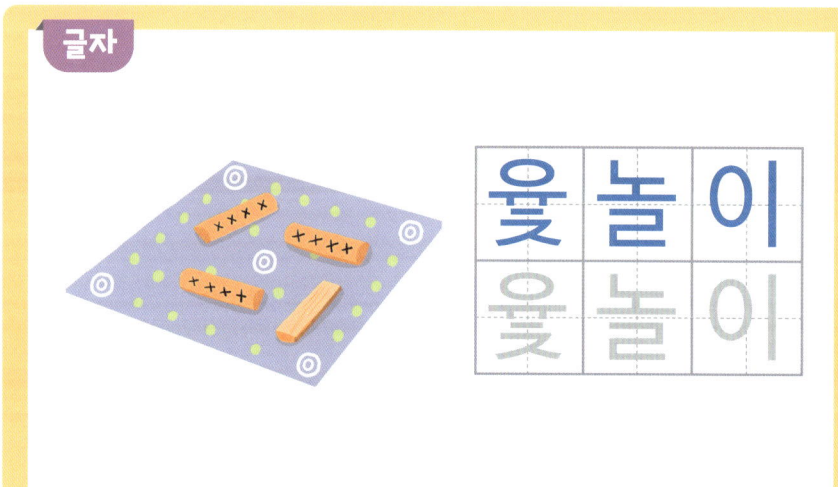

소리 🔊
[윤ː노리]
💬 ㅊ받침이 ㄴ으로 소리 나요.

» ㅊ받침은 [읃] 소리가 나지만, 읽을 때 ㄴ으로 소리 나거나 뒷말 첫소리를 된소리로 바꾸기도 합니다.
'소리가 달라도 ㅊ받침 글자는 그대로 살려서 써야 한다.'는 점을 알고 소리와 글자를 대응해서 익히도록 해 주세요.

월   일   **12일**

읽기 쓰기 낱말을 읽고 써 보세요.

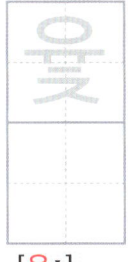 윷 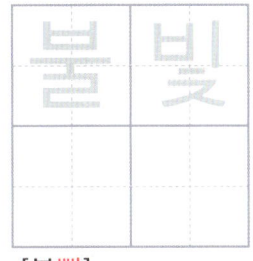 불빛 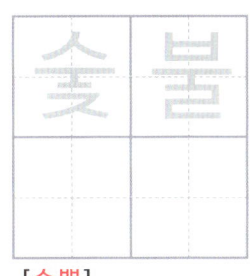 숯불 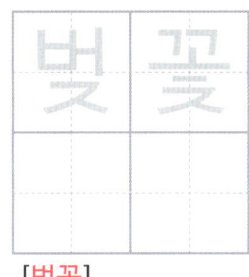 벚꽃

[윧ː] [불삗] [숟뿔] [벋꼳]

 꽃게  돛단배 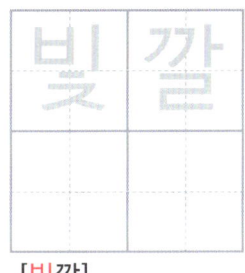 빛깔  쫓다

[꼳께] [돋딴배] [빋깔] [쫃따]

 꽃나무  꽃무늬  빛나다

[꼰나무] [꼰무니] [빈나다]

읽기 쓰기 문해 광고판을 읽고 물음에 알맞은 말에 ○표를 한 뒤, 글자를 옮겨 써 보세요.

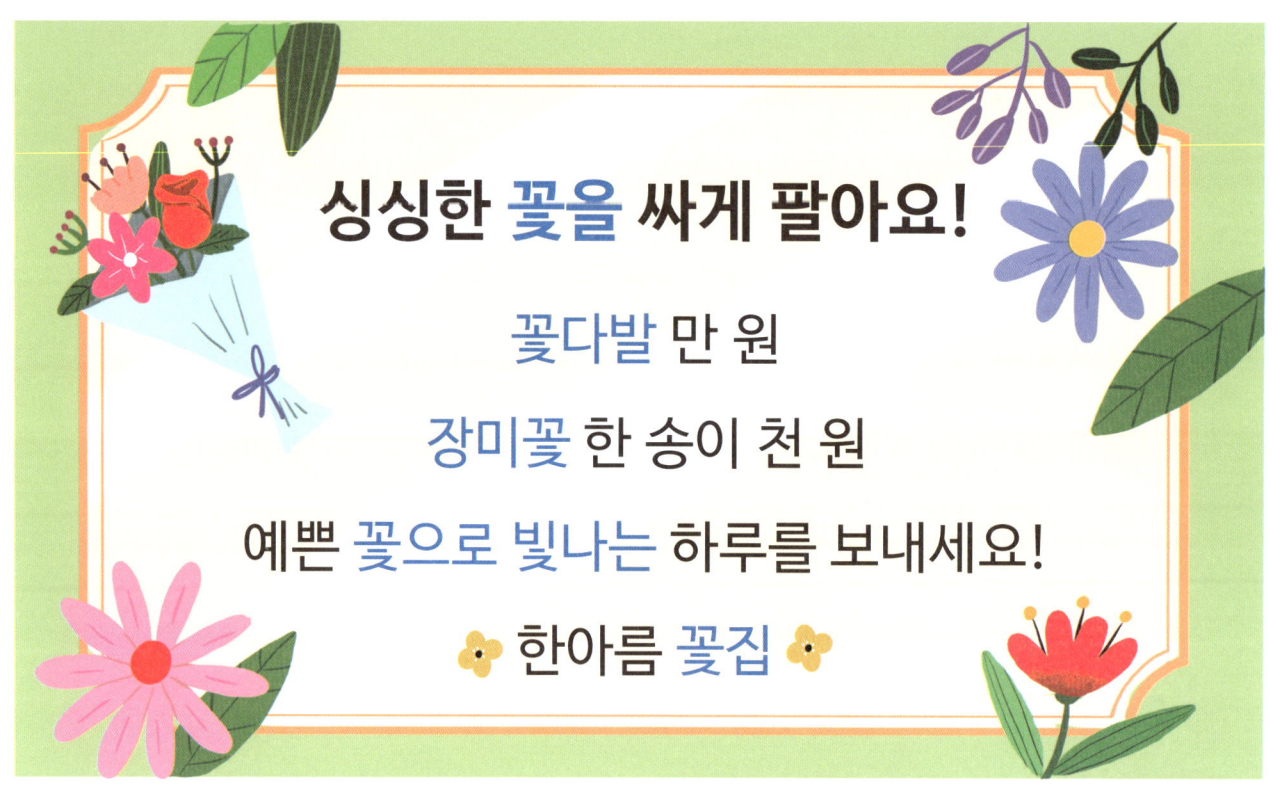

📖 무엇을 팔기 위해서 쓴 글인가요?

❶ 꽃　　　　❷ 옷

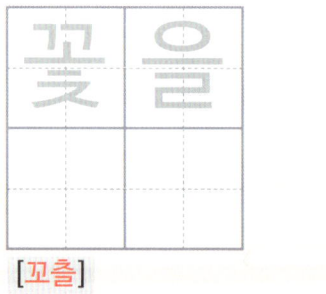

[꼬츨]

[꼳따발]

[장미꼳]

[꼬츠로]　　　[빈나는]　　　[꼳찝]

» '꽃을', '꽃으로'처럼 낱말 뒤에 모음으로 시작되는 조사가 붙으면 ㅊ받침이 뒷말 첫소리로 바뀌어 소리 납니다. 문장에서는 이러한 점에 주의하여 ㅊ받침을 살려 쓰도록 해 주세요.

어휘 읽기 문해 그림에 알맞은 낱말에 ○표를 해 보세요.

찜기에  를 쪄요.

꼳게   꽃게

예쁜 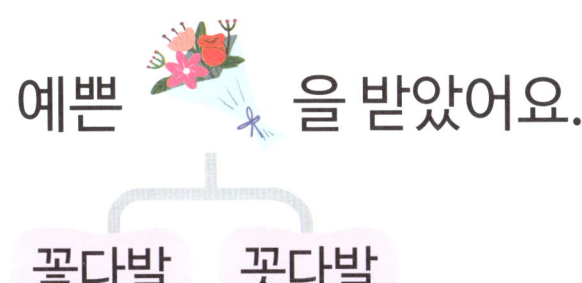 을 받았어요.

꽃다발   꼿다발

어휘 쓰기 문해 그림에 알맞은 말을 ▭에서 골라 빈칸에 써 보세요.

돗 돛 돋

☐단배가 떠가요.

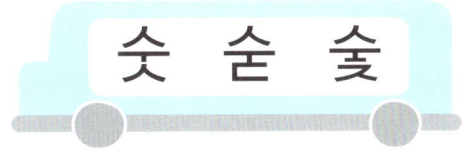
숫 숟 숯

☐불이 뜨거워요.

ㅋ·ㅌ 받침

음운 읽기 쓰기 글자와 소리를 비교하며 읽고 따라 써 보세요.

글자
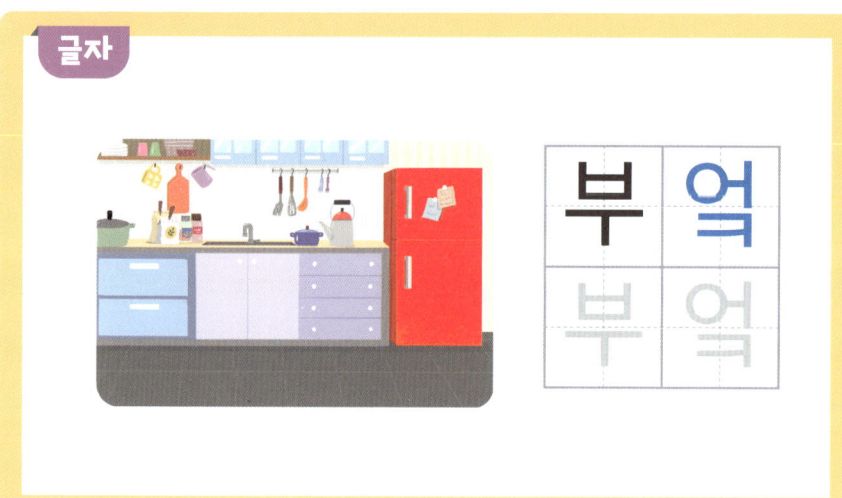

소리 🔊
[부억]

💬 ㅋ받침이 ㄱ으로 소리 나요.

 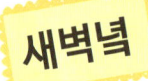 

글자

소리 🔊
[풀받]

💬 ㅌ받침이 ㄷ으로 소리 나요.

글자

소리 🔊
[팓쭉]

💬 ㅌ받침이 ㄷ으로, 뒷말 첫소리가 된소리로 소리 나요.

팥빙수

» ㅋ받침은 [윽] 소리가 납니다. 그리고 ㅌ받침은 [읃] 소리가 나는데, 경우에 따라 ㅌ받침의 뒷말 첫소리가 된소리로 나기도 합니다. 하지만 쓸 때에는 원래 받침을 그대로 살려 써야 한다는 것을 알게 해 주세요.

읽기 쓰기 낱말을 읽고 써 보세요.

» '낱말'의 ㅌ받침은 읽을 때 ㄴ으로 소리 나고, '같이'의 ㅌ받침은 뒷말 첫소리에서 ㅊ으로 소리 납니다. 하지만 쓸 때에는 원래 받침을 그대로 살려 써야 한다는 점을 알게 해 주세요.

읽기 쓰기 문해 음식점 메뉴판을 읽고 물음에 알맞은 말에 ○표를 한 뒤, 글자를 옮겨 써 보세요.

📖 식사 후에는 무엇을 주나요?

① 시원한 팥빙수   ② 달콤한 아이스크림

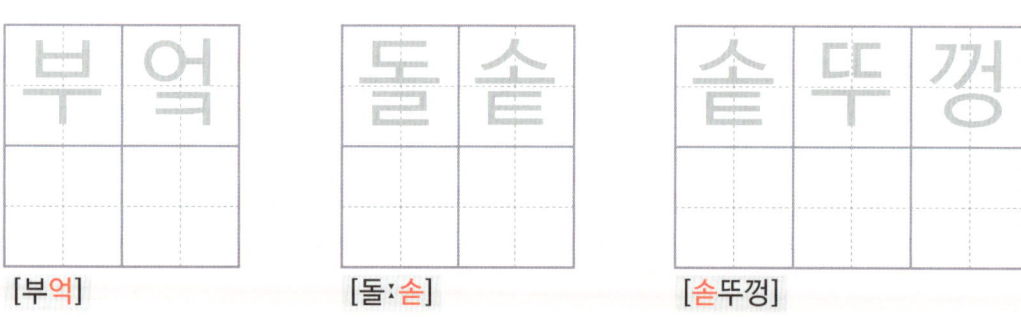

[부억]   [돌ː솓]   [솓뚜껑]

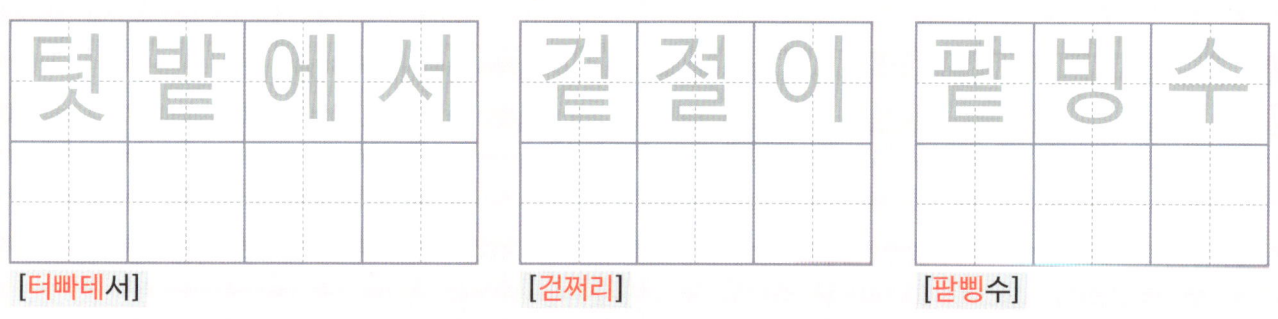

[터빠테서]   [걷쩌리]   [팓삥수]

≫ '텃밭에서'처럼 낱말 뒤에 모음으로 시작되는 조사가 오면 ㅌ받침이 뒷말 첫소리로 소리 납니다. 하지만 쓸 때에는 ㅌ받침을 그대로 살려 써야 한다는 점을 알게 해 주세요.

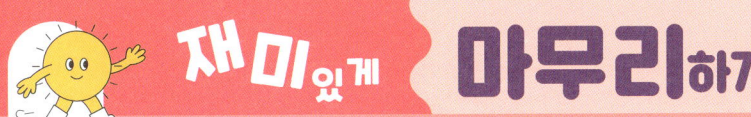

어휘 읽기 문해 그림에 알맞은 낱말에 ○표를 해 보세요.

시원한 를 먹어요.

팥빙수   팥빙수

푸른 에서 놀아요.

풀밭   풀받

어휘 쓰기 문해 그림에 알맞은 말을 🚚에서 골라 빈칸에 써 보세요.

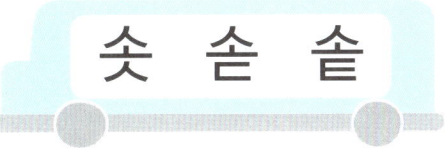
솟 솥 솥

☐ 뚜껑이 무거워요.

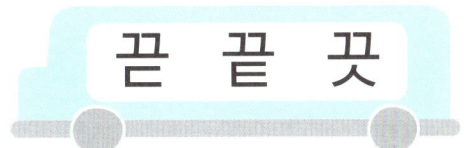
끋 끝 끗

발☐이 간지러워요.

65

ㅍ·ㅎ 받침

음운 읽기 쓰기 글자와 소리를 비교하며 읽고 따라 써 보세요.

글자: 무릎
소리: [무릅]
ㅍ받침이 ㅂ으로 소리 나요.

앞치마   헝겊

글자: 앞사람
소리: [압싸람]
ㅍ받침이 ㅂ으로, 뒷말 첫소리가 된소리로 소리 나요.

옆구리   높다

글자: 노랗다
소리: [노ː라타]
ㅎ받침이 뒷말 첫소리와 합쳐져서 ㅌ으로 소리 나요.

하얗다   좋다

» ㅍ받침은 [읍] 소리가 나는데, 경우에 따라 ㅍ받침의 뒷말 첫소리가 된소리가 나기도 합니다.
그리고 ㅎ받침은 [읃] 소리가 나지만 뒤에 자음이 올 경우 뒷말 첫소리와 합쳐져서 ㅌ으로 소리 납니다.
하지만 쓸 때에는 원래 받침을 그대로 살려서 써야 한다는 것을 알게 해 주세요.

읽기 쓰기 낱말을 읽고 써 보세요.

>> '단풍잎', '깻잎'의 '잎'은 [닙]으로 소리 나지만, 쓸 때에는 원래 글자를 그대로 살려 써야 한다는 점을 알게 해 주세요.

읽기 **쓰기** **문해** 강아지를 소개하는 글을 읽고 물음에 알맞은 말에 ○표를 한 뒤, 글자를 옮겨 써 보세요.

우리 강아지는요,
몸 색깔은 하얗고 꼬리는 까맣고,
앞발에는 회색 무늬가 있어요.
털은 귀를 덮을 만큼 길어요.
엎드리기 훈련도 잘되어 있어요.

📖 무엇에 대하여 소개하고 있나요?

① 강아지　　　② 고양이

[하:야코]

[까:마코]

[압빨]

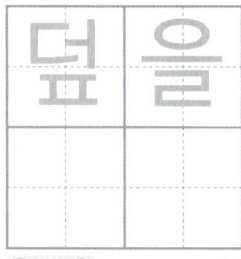
[더플]

엎드리기
[업뜨리기]

» '덮을'처럼 ㅍ받침 뒤에 모음으로 시작되는 글자가 붙으면 ㅍ받침이 뒷말 첫소리로 소리 나지만, 쓸 때에는 원래 글자를 그대로 살려 써야 한다는 점을 알게 해 주세요.

재미있게 마무리하기

어휘 읽기 문해 그림에 알맞은 낱말에 ◯표를 해 보세요.

꽃무늬 를 입어요.

압치마   앞치마

빨간 이 예뻐요.

단풍닢   단풍잎

어휘 쓰기 문해 그림에 알맞은 말을 에서 골라 빈칸에 써 보세요.

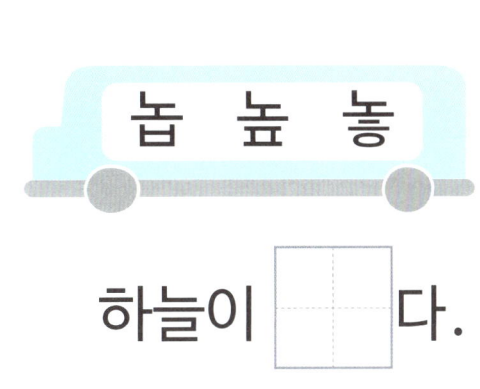

낫 낟 낳

새끼를 ☐다.

놉 높 놓

하늘이 ☐다.

쏙쏙 어려운 받침 ③ 글자와 소리가 다른 낱말

● 그림에 알맞은 글자를 찾아 ○표를 하고 빈칸에 써 보세요.

책 | 이   꼬 꼳 꽂

구 리   엽 옆 옅

죽   팥 팟 팥

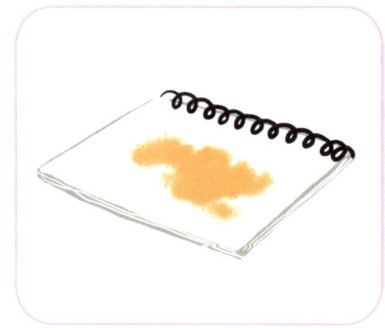

노 다   라 랃 랗

15일

친구들이 무엇을 설명하는 것인지 길을 따라가며 알맞은 낱말을 찾아 ○표를 해 보세요.

비행기를 타려면 맞는 글자를 따라가야 한대요. 그림에 알맞은 낱말을 골라 ○표를 하며 길을 따라가 보세요.

벗꼳

벚꽃

곶감

곧깜

잔디밭

잔디밭

밥쏟

밥솥

단풍닙

단풍잎

● 빈칸에 들어갈 말을 □에서 골라 ○표를 하고 옮겨 써 보세요.

를 길러요.

젖소 젖소

이 예뻐요.

장미꼿 장미꽃

를 먹어요.

팥빙수 팥삥수

● 밑줄 친 말을 바르게 고쳐 써 보세요.

무릅을 다쳤어요.

하늘이 파라타.

🟡 쇼핑몰의 여러 장소를 살펴보고 알맞은 **글자 스티커**를 붙여 보세요.

책값

핥다

싫다

떡볶이

ㄲ·ㅆ 받침

ㄲ받침 ㄲ받침은 ㄱ으로 소리 나요.

음운 읽기 두 낱말의 소리를 비교하며 읽어 보세요.

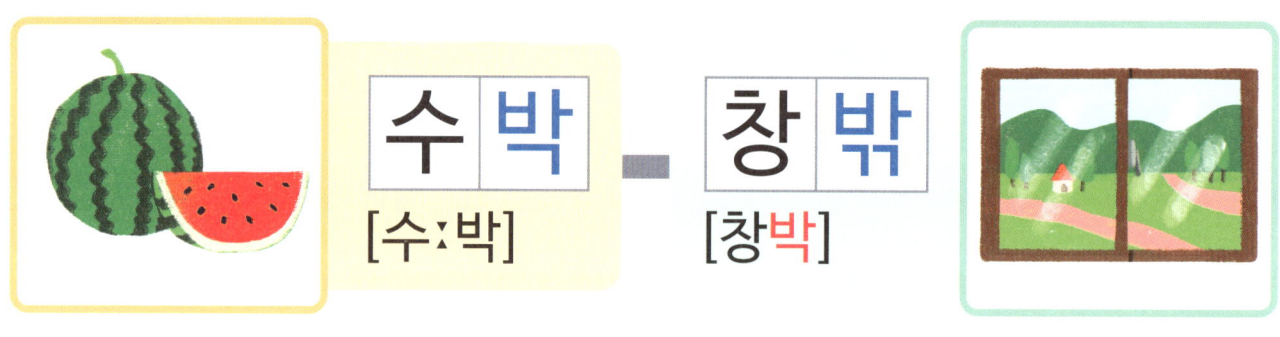

음운 읽기 빈칸에 들어갈 글자를 줄로 이어 보세요.

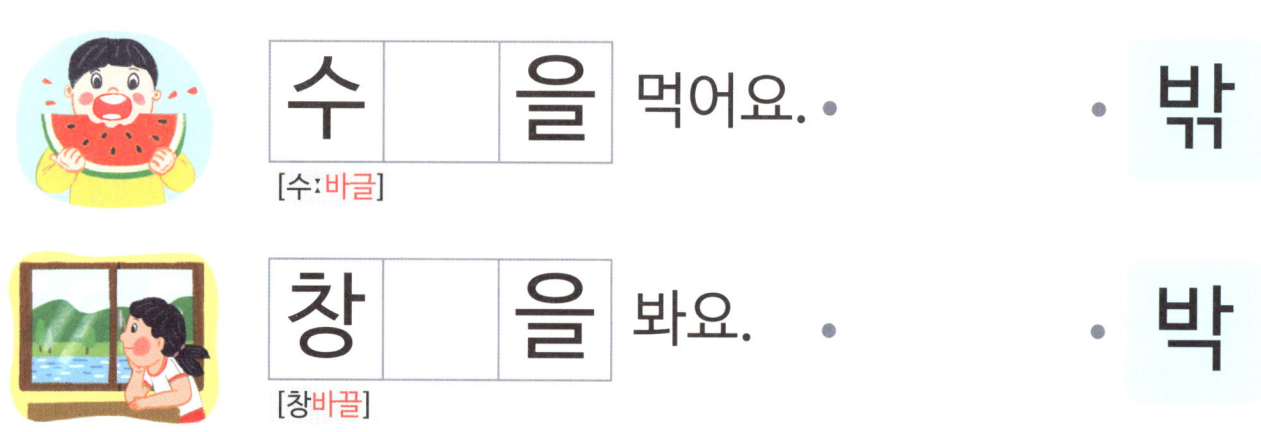

읽기 쓰기 낱말을 소리 내어 읽고 따라 써 보세요.

≫ '떡볶이', '손톱깎이'와 같이 ㄲ받침 뒤에 모음으로 시작되는 글자가 오면 ㄲ이 뒷말의 첫소리로 소리 난다는 것을 알게 해 주세요.

ㅆ받침

ㅆ받침은 ㅅ처럼 ㄷ으로 소리 나요.

음운 읽기 두 낱말의 소리를 비교하며 읽어 보세요.

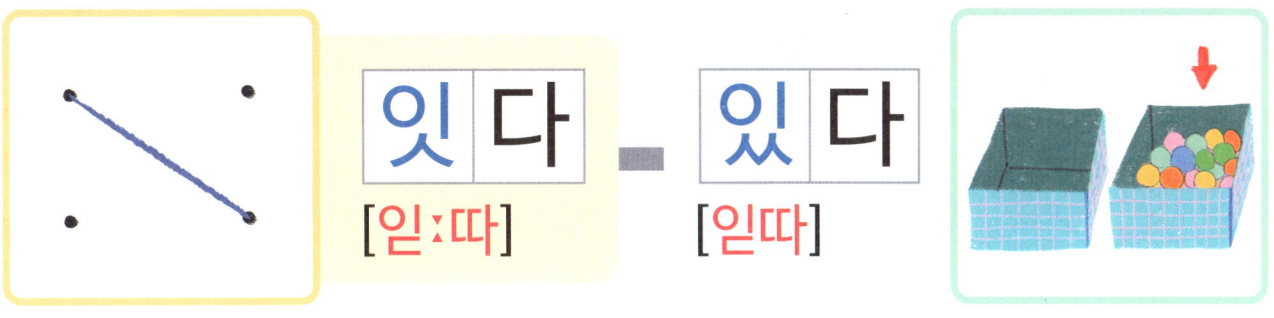

잇다 [읻:따] - 있다 [읻따]

음운 읽기 빈칸에 들어갈 글자를 줄로 이어 보세요.

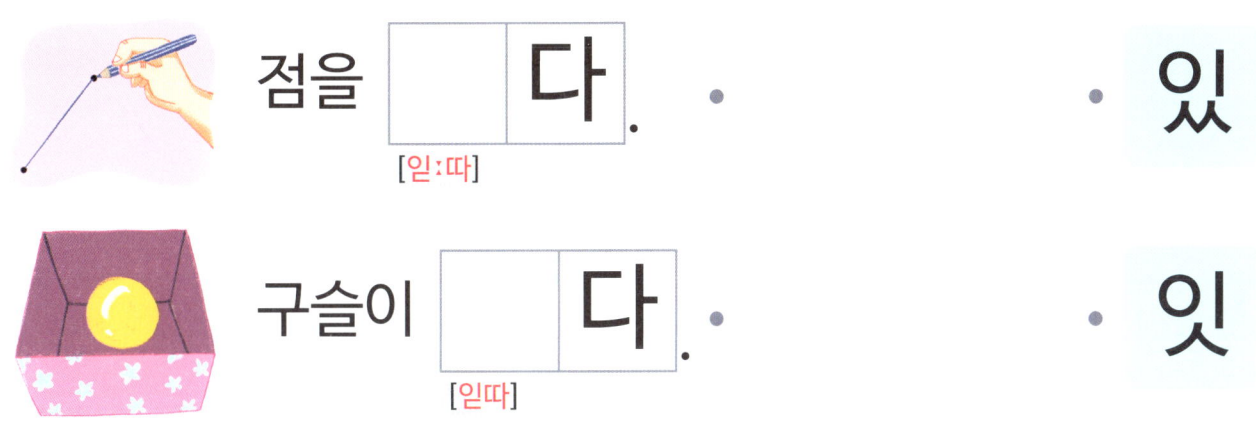

점을 ☐다. [읻:따] · · 있

구슬이 ☐다. [읻따] · · 잇

읽기 쓰기 낱말을 소리 내어 읽고 써 보세요.

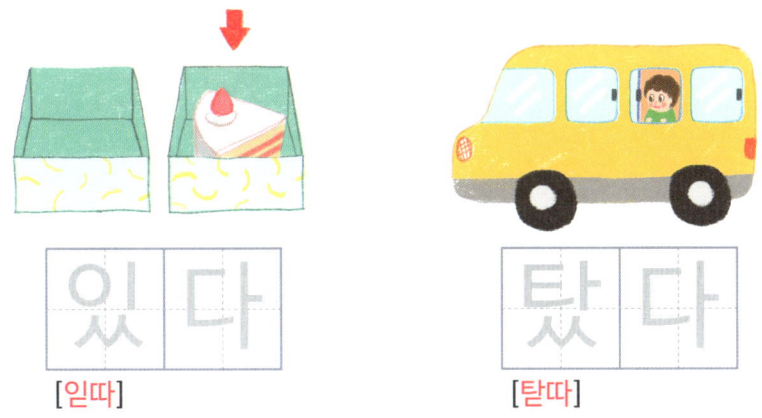

있다 [읻따]   탔다 [탇따]

먹었다 [머걷따]

글에 쓰인 ㄲ·ㅆ받침

읽기 쓰기 문해 글에 쓰인 낱말을 소리 내어 읽고 써 보세요.

이를 닦아요.
[다까요]

신발 끈을 묶어요.
[무꺼요]

집 밖으로 나가요.
[바끄로]

친구가 놀고 있어요.
[이써요]

그네를 타고 놀았어요.
[노라써요]

≫ 'ㄲ·ㅆ받침 뒤에 모음으로 시작되는 글자가 오면 ㄲ·ㅆ이 각각 뒷말의 첫소리로 소리 난다는 것을 알게 해 주세요.

재미있게 마무리하기

음운 읽기 빈칸에 들어갈 받침을 줄로 이어 보세요.

구슬이 이□다.　　•　　　　　•　ㅅ

끈을 무□어요.　　•　　　　　•　ㅆ

창바□을 봐요.　　•　　　　　•　ㄱ

만두를 먹어□다.　•　　　　　•　ㄲ

음운 읽기 쓰기 밑줄 친 말을 바르게 고쳐 써 보세요.

접시에 케이크가 <u>잇어요</u>.

[이써요]

이를 깨끗이 <u>닥아요</u>.

[다까요]

ㄴㅈ·ㄴㅎ 받침

ㄴㅈ받침 ㄵ받침은 ㄴ으로 소리 나요.

음운 읽기 두 낱말의 소리를 비교하며 읽어 보세요.

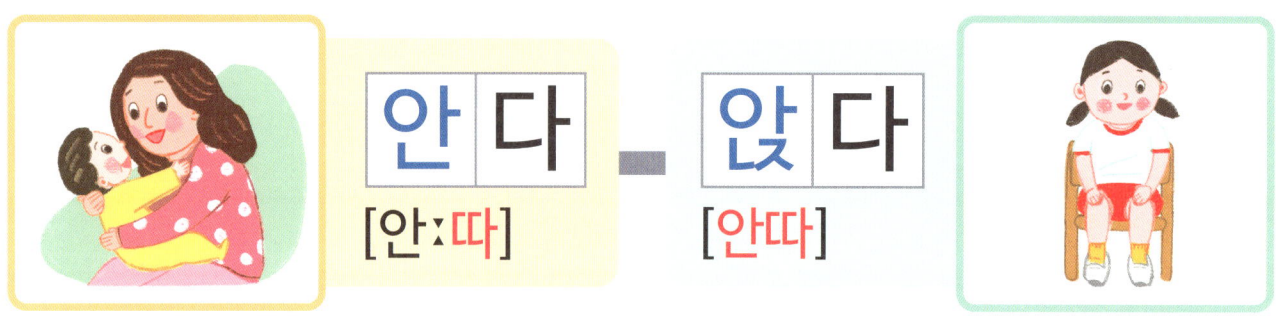

음운 읽기 빈칸에 들어갈 글자를 줄로 이어 보세요.

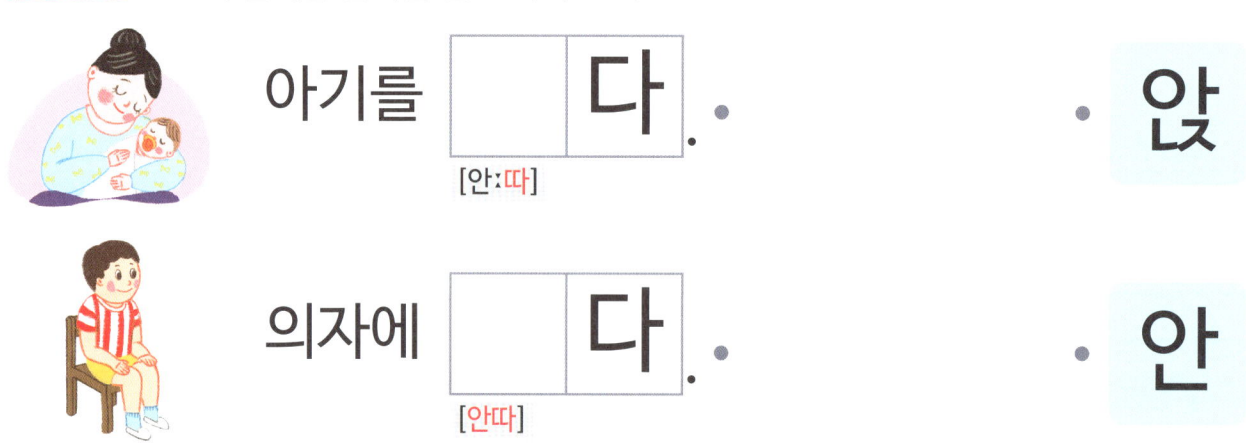

읽기 쓰기 낱말을 소리 내어 읽고 써 보세요.

≫ '앉은키'와 같이 ㄵ받침 뒤에 모음으로 시작되는 글자가 오면 ㅈ만 뒷말의 첫소리로 소리 난다는 것을 알게 해 주세요.

ㄶ받침

ㄶ받침은 ㄴ으로 소리 나요.

음운 읽기 두 낱말의 소리를 비교하며 읽어 보세요.

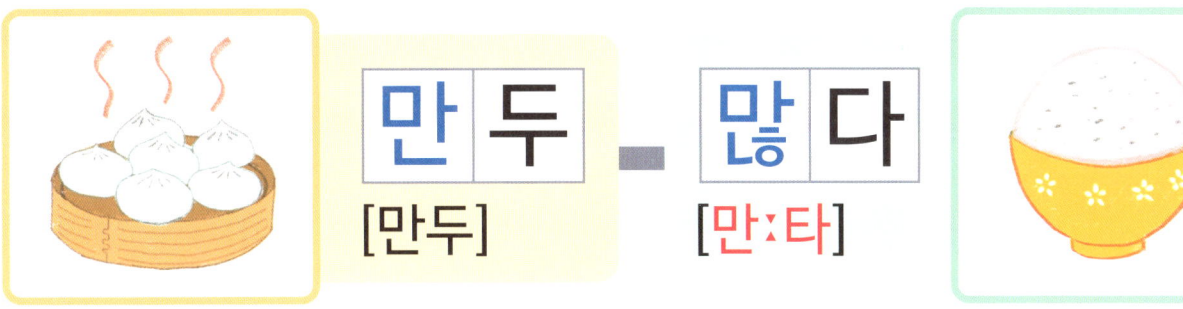

만두 - 많다
[만두] [만ː타]

음운 읽기 빈칸에 들어갈 글자를 줄로 이어 보세요.

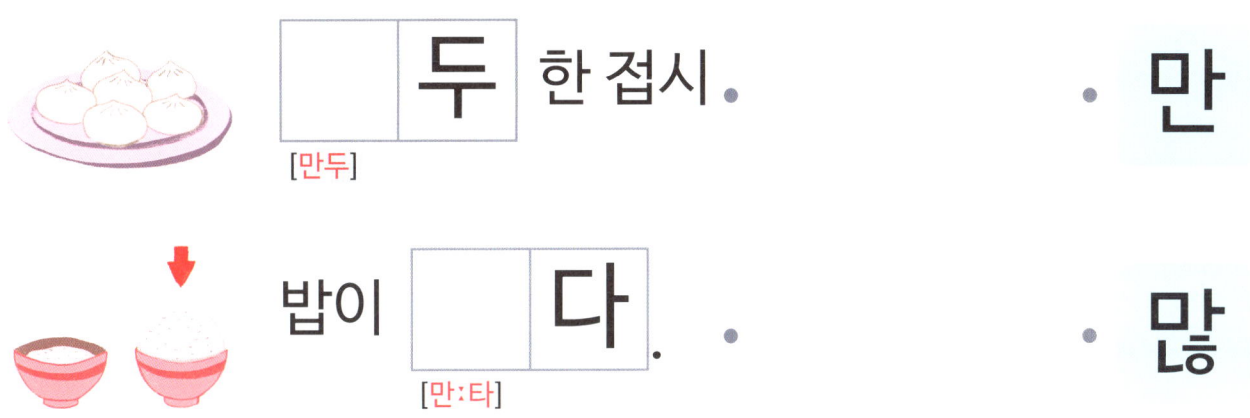

☐두 한 접시.   · 만
[만두]

밥이 ☐다.   · 많
[만ː타]

읽기 쓰기 낱말을 소리 내어 읽고 써 보세요.

많다   끊다   많이
[만ː타]   [끈타]   [마ː니]

≫ '많이'와 같이 ㄶ받침 뒤에 모음으로 시작되는 글자가 오면 ㄴ만 뒷말의 첫소리로 소리 난다는 것을 알게 해 주세요.

글에 쓰인 ㄴㅈ・ㄴㅎ 받침

읽기 쓰기 문해 낱말을 소리 내어 읽고 써 보세요.

아이들이 많아요.

[마ː나요]

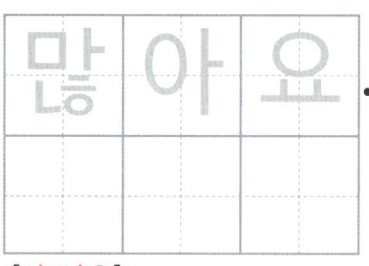

앉아서 차례를 기다려요.

[안자서]

아이가 울지 않아요.

[아나요]

더 알아보기

ㅄ 받침 ㅄ받침은 ㅂ으로 소리 나요.

음운 읽기 쓰기 받침소리에 주의하여 낱말을 읽고 따라 써 보세요.

값 [갑]   없 [업]

책값

[책깝]

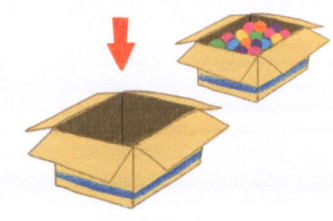

없다

[업ː따]

재미있게 마무리하기

음운 읽기 빈칸에 들어갈 받침을 줄로 이어 보세요.

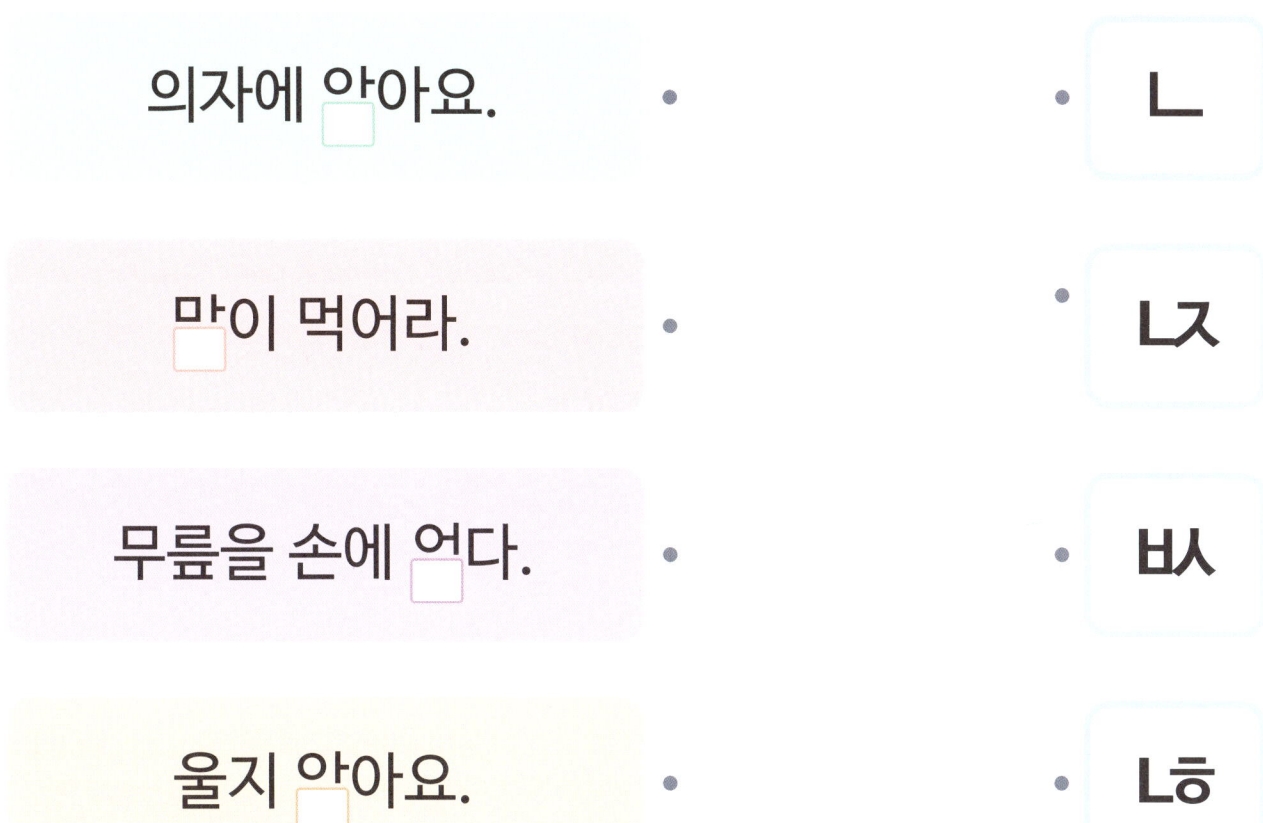

음운 읽기 쓰기 밑줄 친 말을 바르게 고쳐 써 보세요.

소파에 <u>안아서</u> 기다려.

[안자서]

줄을 <u>끈다</u>.

[끈타]

ㄹㄱ · ㄹㅂ 받침

ㄹㄱ 받침

ㄹㄱ 받침은 ㄱ으로 소리 나요.

음운 읽기 두 낱말의 소리를 비교하며 읽어 보세요.

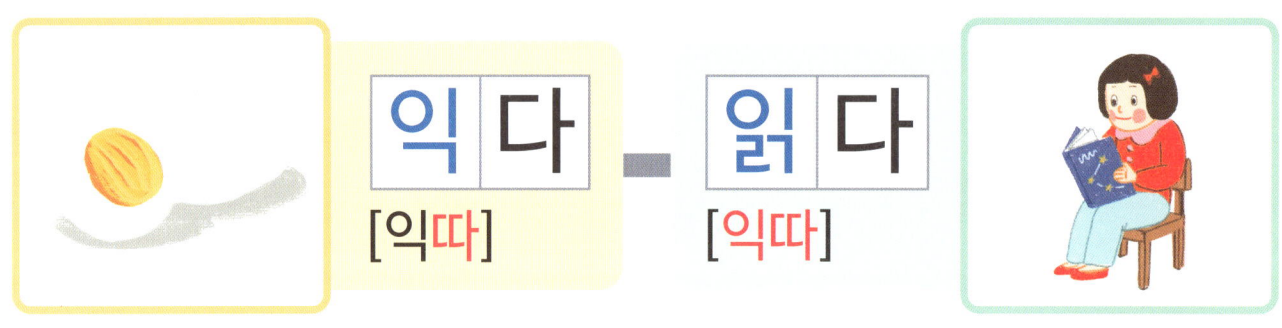

음운 읽기 빈칸에 들어갈 글자를 줄로 이어 보세요.

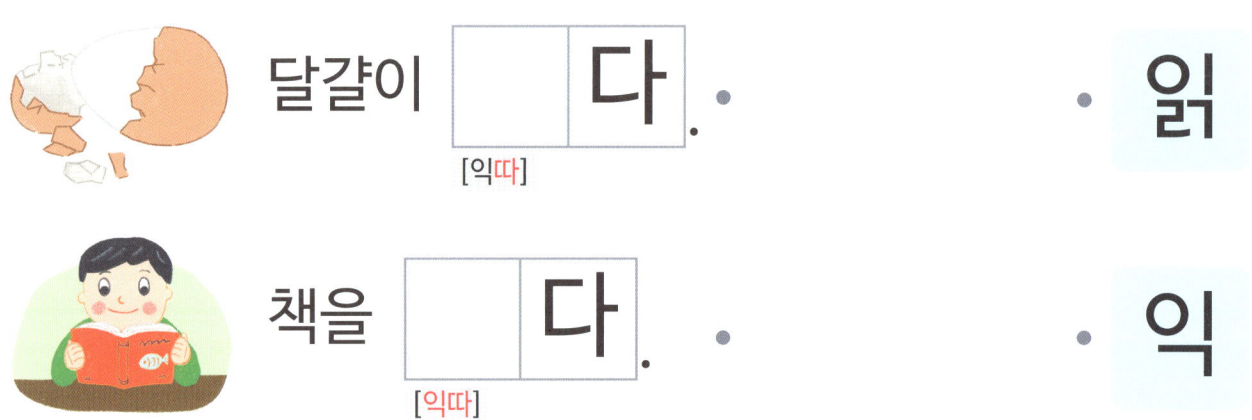

읽기 쓰기 낱말을 소리 내어 읽고 써 보세요.

ㄹㅂ받침

ㄼ받침은 ㄹ로 소리 나요.

음운 읽기 두 낱말의 소리를 비교하며 읽어 보세요.

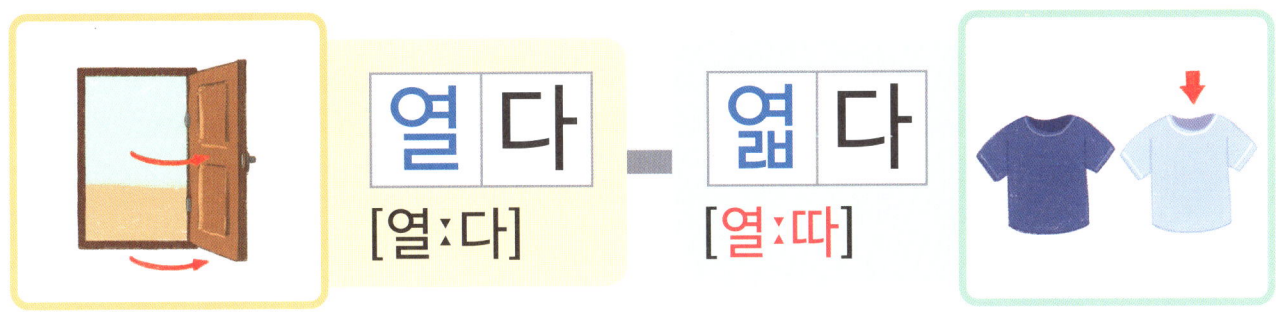

열다 [열:다] — 엷다 [열:따]

음운 읽기 빈칸에 들어갈 글자를 줄로 이어 보세요.

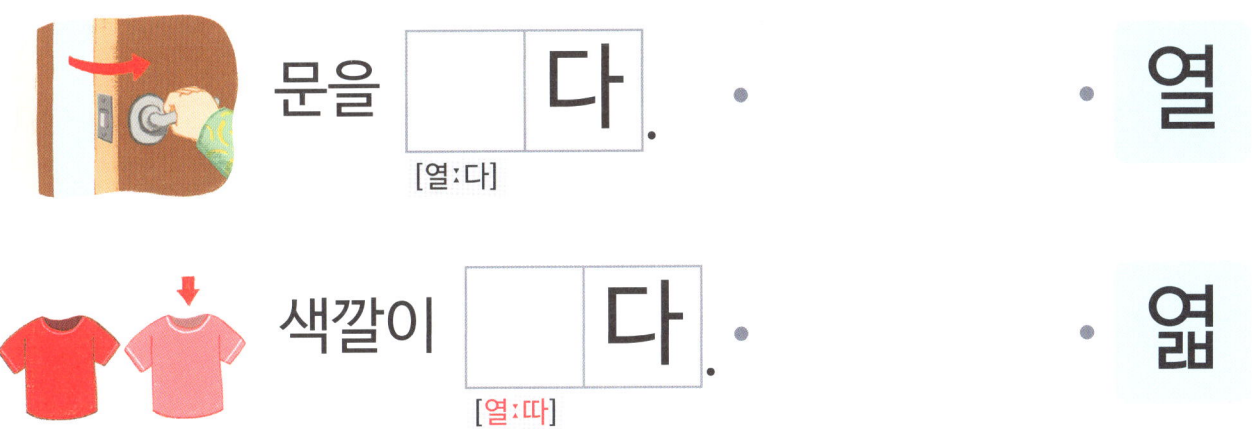

문을 ☐다. [열:다] · · 열

색깔이 ☐다. [열:따] · · 엷

읽기 쓰기 낱말을 소리 내어 읽고 써 보세요.

엷다 [열:따]   여덟 [여덜]   짧다 [짤따]   밟다 [밥:따]

≫ '밟다'는 ㄼ받침이 ㅂ으로 소리 난다는 것을 알게 해 주세요.

글에 쓰인 ㄺ・ㄼ 받침

읽기 쓰기 문해 낱말을 소리 내어 읽고 써 보세요.

산기슭 마을에 식당이 있어요.
[산끼슥]

주차장이 아주 넓어요.
[널버요]

그곳에서 닭고기를 먹었어요.
[닥꼬기를]

더 알아보기

ㄾ 받침 ㄾ받침은 ㄹ로 소리 나요.

음운 읽기 쓰기 받침소리에 주의하여 낱말을 읽고 따라 써 보세요.

 [할]    [훌]

핥다
[할따]

훑다
[훌따]

86

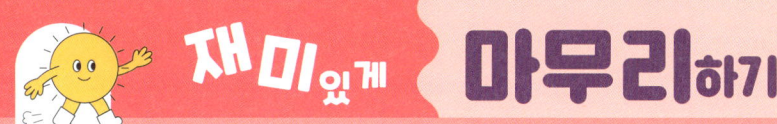

음운 읽기 빈칸에 들어갈 받침을 줄로 이어 보세요.

책을 읽자.	•	•	ㄱ
눈을 밟아요.	•	•	ㄺ
맑은 가을 하늘	•	•	ㅂ
사과가 여덟 개	•	•	ㄼ

음운 읽기 쓰기 밑줄 친 말을 바르게 고쳐 써 보세요.

모이를 쪼는 <u>닥</u>

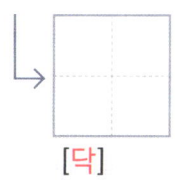

[닥]

두 팔을 <u>널게</u> 벌려 봐.

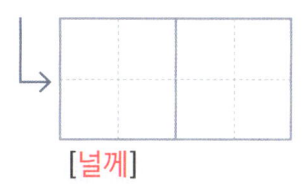

[널께]

ㄹㅁ·ㄹㅎ받침

ㄻ받침 ㄻ받침은 ㅁ으로 소리 나요.

음운 읽기 두 낱말의 소리를 비교하며 읽어 보세요.

음운 읽기 빈칸에 들어갈 글자를 줄로 이어 보세요.

 사과를 ☐다.
[담ː따]

 닮

 얼굴이 ☐다.
[담ː따]

 담

읽기 쓰기 낱말을 소리 내어 읽고 써 보세요.

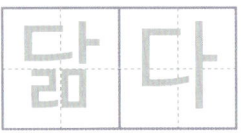
[담ː따]

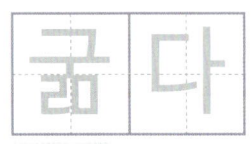
[굼ː따]

[삼ː따]

[옴기다]

ㅀ받침

ㅀ받침은 ㄹ로 소리 나요.

음운 읽기 두 낱말의 소리를 비교하며 읽어 보세요.

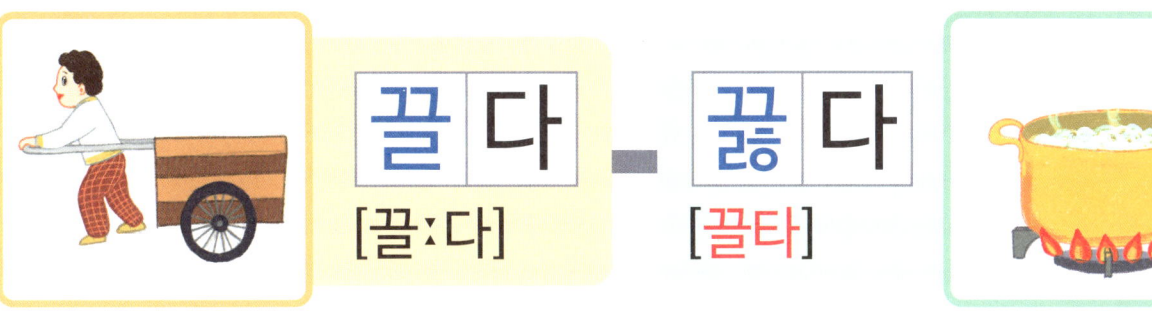

끌다 [끌ː다] — 꿇다 [끌타]

음운 읽기 빈칸에 들어갈 글자를 줄로 이어 보세요.

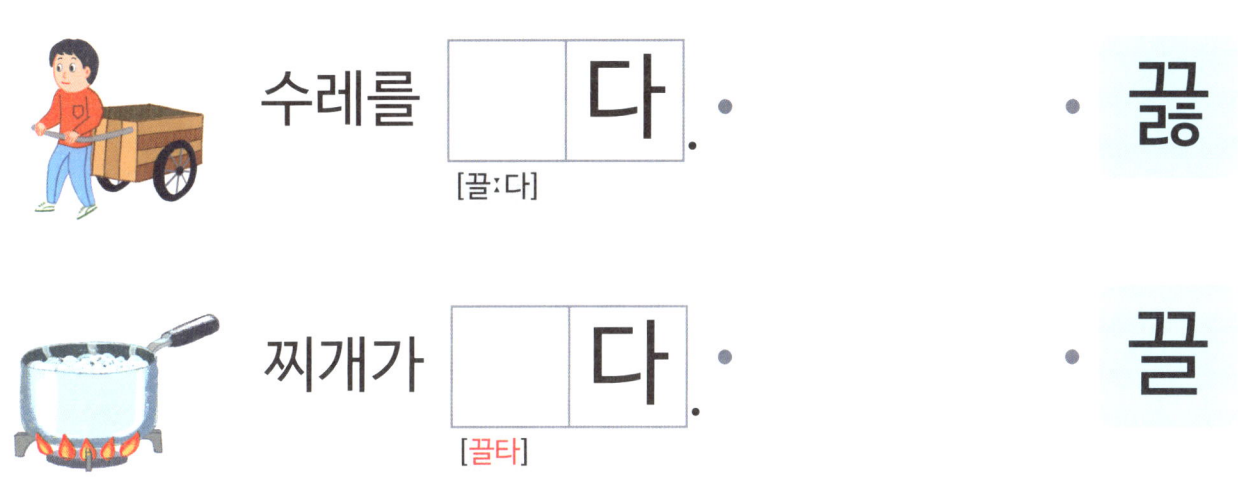

수레를 □다. [끌ː다]   • 꿇

찌개가 □다. [끌타]   • 끌

읽기 쓰기 낱말을 소리 내어 읽고 써 보세요.

끓다 [끌타]   앓다 [알타]   싫다 [실타]   뚫다 [뚤타]

글에 쓰인 ㄺ·ㄼ받침

읽기 쓰기 문해 낱말을 소리 내어 읽고 써 보세요.

짐을  가요.
[질머지고]

기계로 벽을 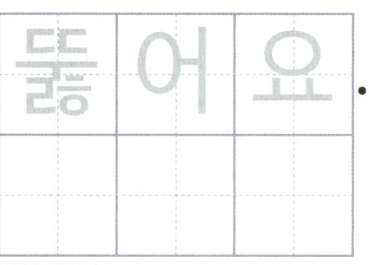.
[뚜러요]

힘을 합쳐 .
[옴겨요]

더 알아보기

ㄳ받침은 ㄱ으로 소리 나요.
ㄿ받침은 ㅂ으로 소리 나요.

음운 읽기 쓰기 받침소리에 주의하여 낱말을 읽고 따라 써 보세요.

 [목]    [읍]

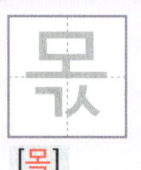
[목]

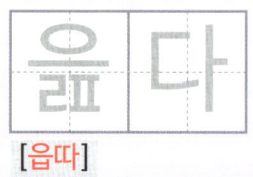
[읍따]

재미있게 마무리하기

음운 읽기 빈칸에 들어갈 받침을 줄로 이어 보세요.

잠자기 시어요. •　　　　　•　ㄹ

벽을 뚜어요.　 •　　　　　•　ㄹㅎ

짐을 지어지다. •　　　　　•　ㄹㅁ

달걀을 사아요. •　　　　　•　ㅁ

음운 읽기 쓰기 밑줄 친 말을 바르게 고쳐 써 보세요.

얼굴이 달은 아빠와 아들

[달믄]

열이 나서 끙끙 알아요.

[아라요]

쏙쏙 쌍받침·겹받침

글자와 소리가 다른 낱말

● 빈칸에 공통으로 들어가는 받침에 ○표를 해 보세요.

창밖 / 떡볶이

ㄱ ㄲ ㄳ

닭 / 읽다

ㄱ ㄺ ㄻ

 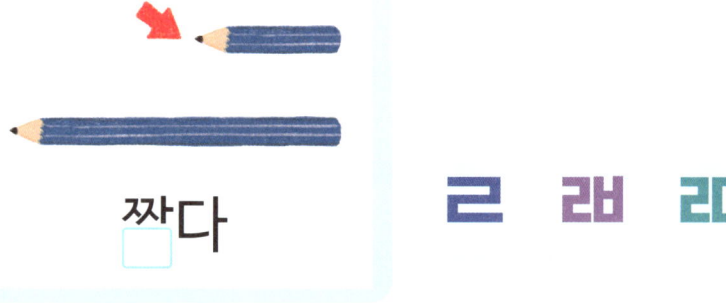

여덟 / 짧다

ㄹ ㄼ ㄽ

옮기다 / 삶다

ㄻ ㄺ ㅁ

● 그림을 보고 빈칸에 들어갈 말에 ○표를 해 보세요.

밥을 [ ] 먹어요.
만이 / 많이

구슬이 [ ].
있다 / 잇다

● 빈칸에 들어갈 말에 ○표를 하고 옮겨 써 보세요.

감기를 [　　　].
앓아요 / 앓아요

눈을 [　　　].
밝아요 / 밟아요

강아지를 만나려면 맞는 글자를 따라가야 한대요. 그림에 알맞은 낱말을 골라 ◯표를 하며 길을 따라가 보세요.

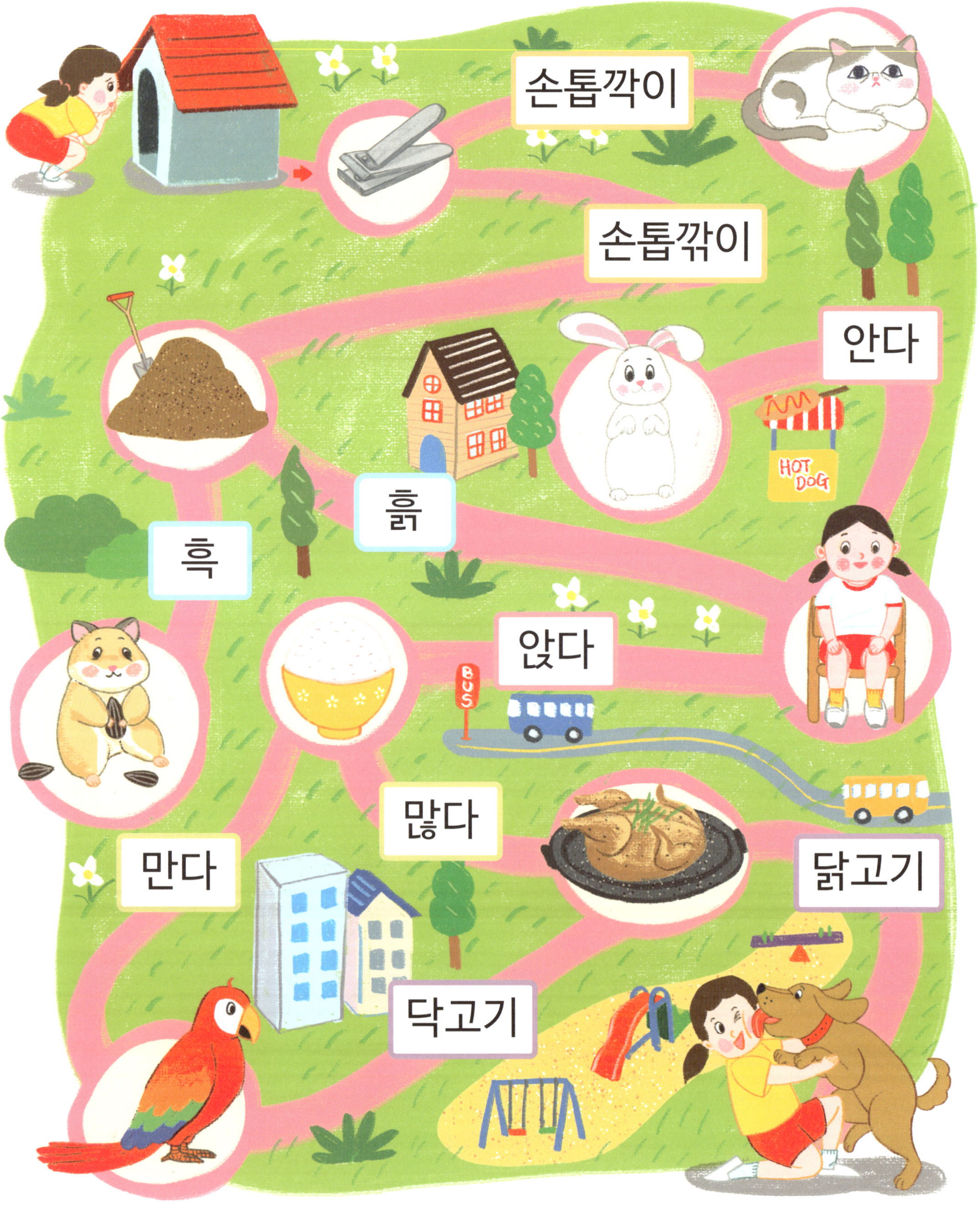

손톱깍이
손톱깎이
안다
흙
흑
앉다
많다
만다
닭고기
닥고기

● 밑줄 친 말을 바르게 고쳐 써 보세요.

찌개가 보글보글 <u>끌어요</u>.
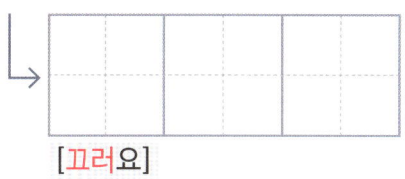
[끄러요]

잔디에 <u>안지</u> 마세요.

[안찌]

아이가 <u>창박을</u> 봐요.
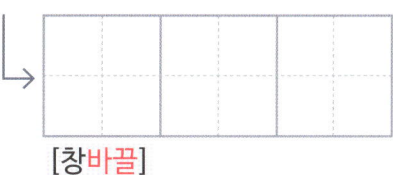
[창바끌]

학교에 가지 <u>안아요</u>.

[아나요]

하늘이 아주 <u>막다</u>.

[막따]

정답

정답

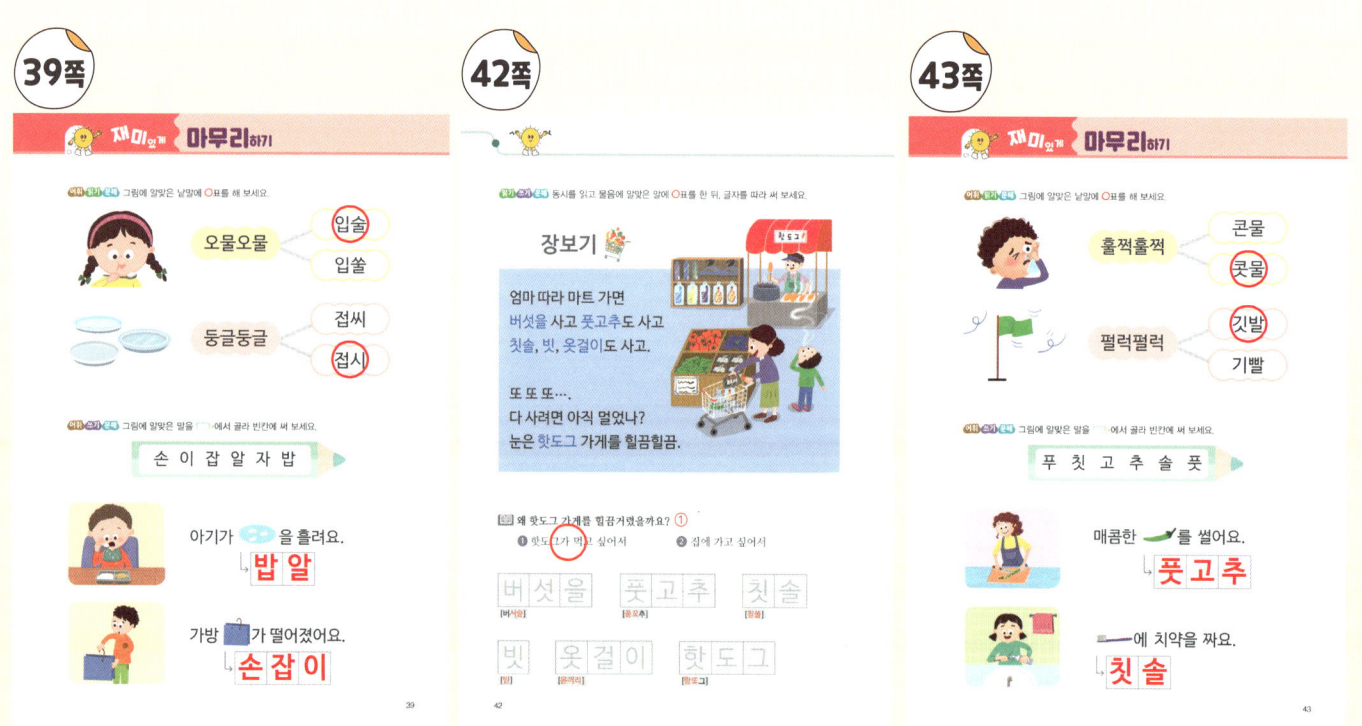

98

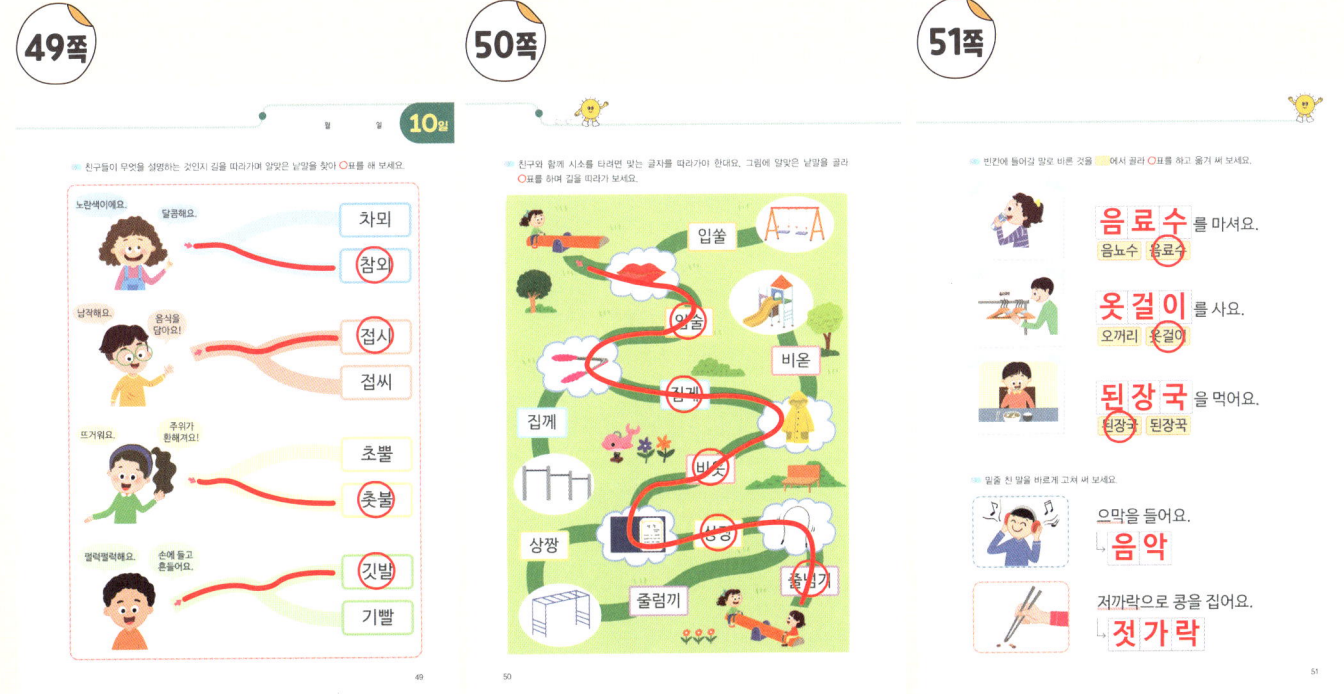

정답 99

정답

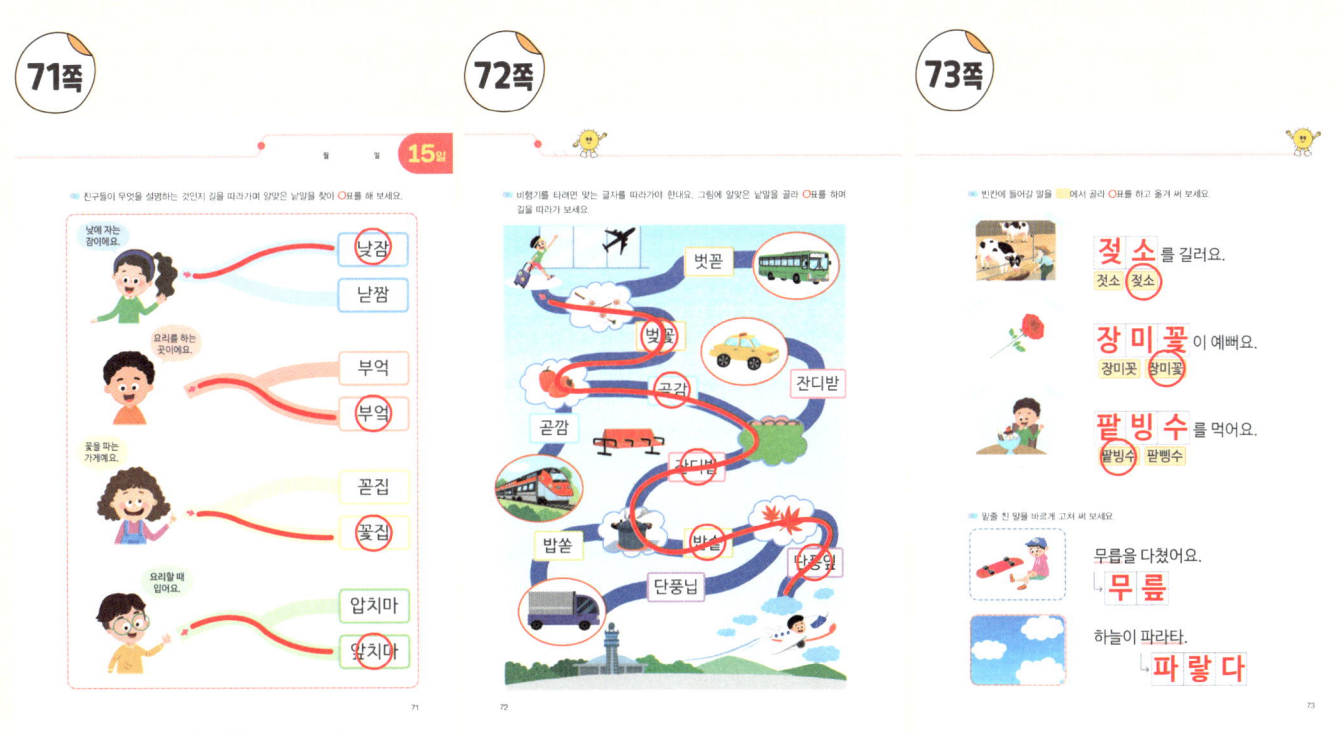

정답 101

정답

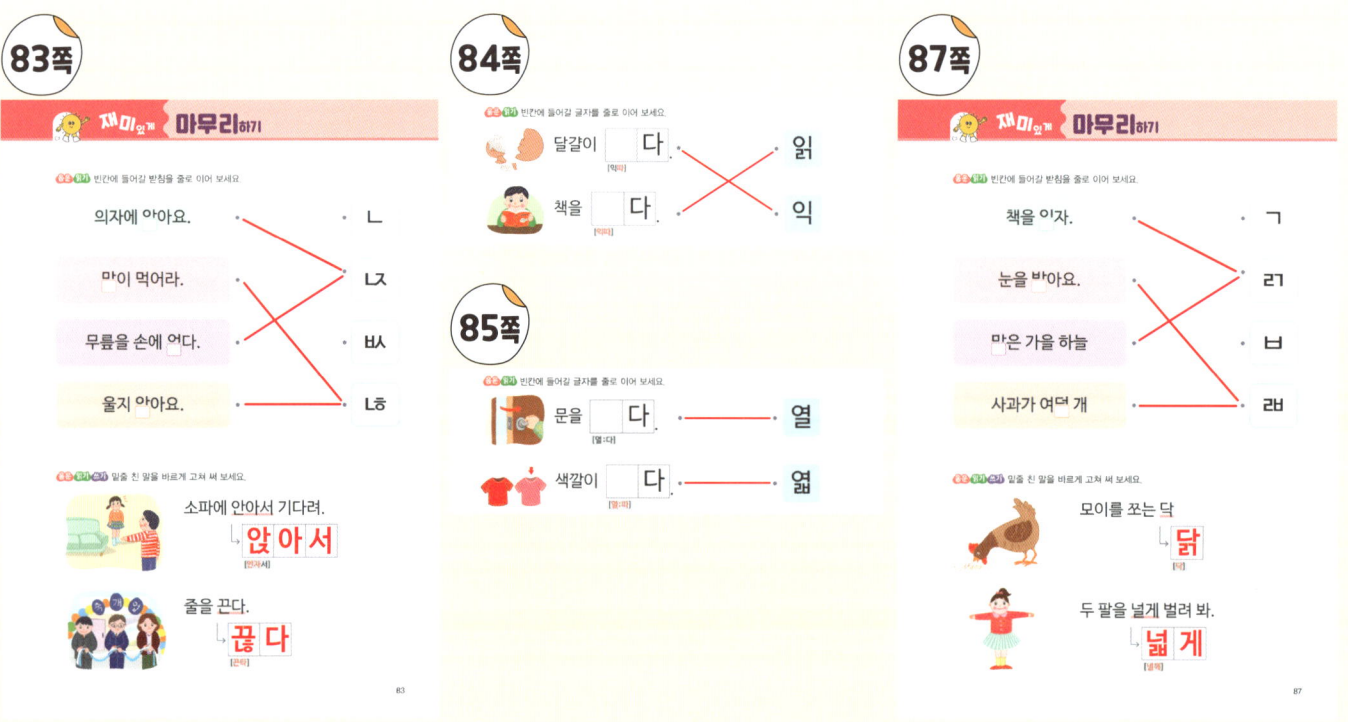

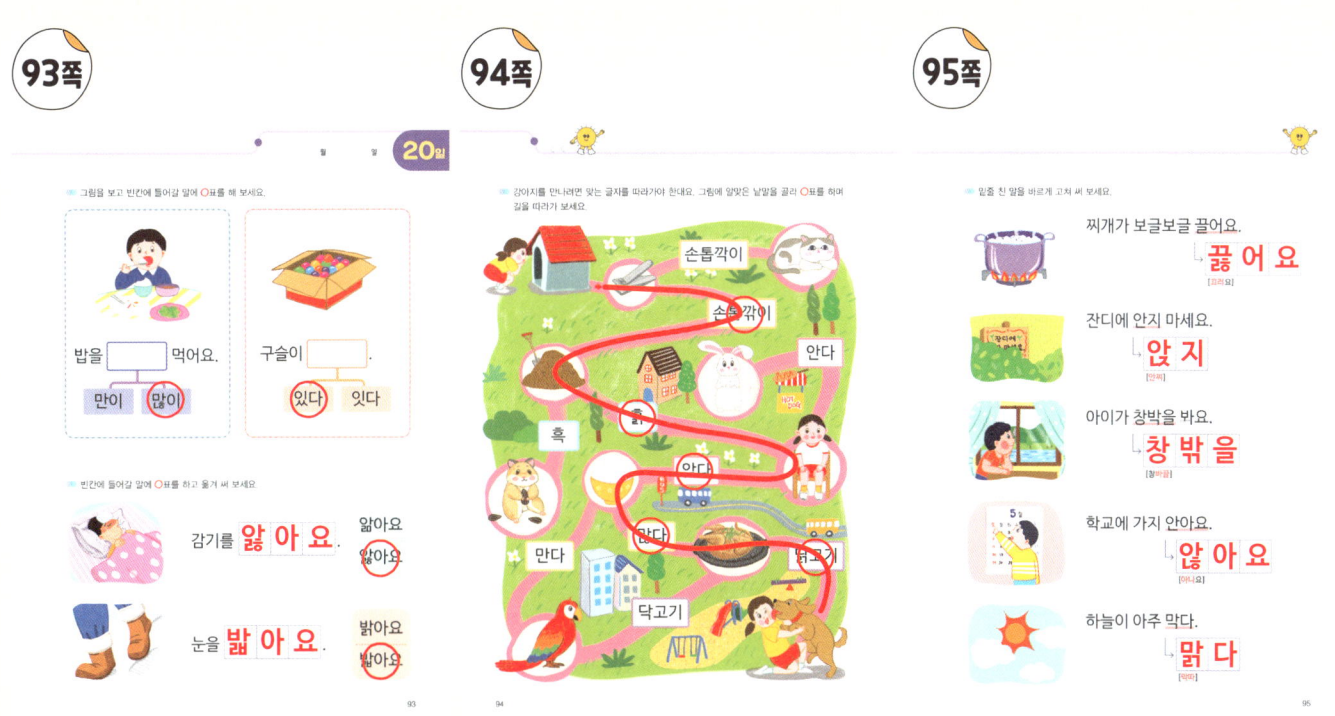

초판 발행	2022년 7월 20일
초판 2쇄	2023년 3월 27일
글쓴이	엄은경, 권민희
그린이	차은실, 한도희, 윤영선
편집	김은경
펴낸이	엄태상
디자인	권진희, 이건화, 김지연
콘텐츠 제작	김선웅, 장형진, 조현준
마케팅본부	이승욱, 왕성석, 노원준, 조성민, 이선민
경영기획	조성근, 최성훈, 정다운, 김다미, 최수진, 오희연
물류	정종진, 윤덕현, 신승진, 구윤주
펴낸곳	시소스터디
주소	서울시 종로구 자하문로 300 시사빌딩
주문 및 문의	1588-1582
팩스	0502-989-9592
홈페이지	www.sisostudy.com
네이버카페	시소스터디공부클럽 cafe.naver.com/sisasiso
인스타그램	instagram.com/siso_study
이메일	sisostudy@sisadream.com
등록일자	2019년 12월 21일
등록번호	제2019 - 000148호

ISBN 979-11-91244-62-5 74700
　　　979-11-91244-59-5 (세트)

ⓒ시소스터디 2023

* 이 책의 내용을 사전 허가 없이 전재하거나 복제할 경우 법적인 제재를 받게 됨을 알려 드립니다.
* 잘못된 책은 구입하신 서점에서 교환해 드립니다.
* 정가는 표지에 표시되어 있습니다.

8~9쪽

밀가루 약국 목욕탕 편의점 소독약

눈사람 분리수거 돋보기

30~31쪽

공룡 땀방울 입안 줄넘기 음악

웃음 수돗물 풋고추

52~53쪽

부엌 밥솥 낳다 낱말 윷놀이

책꽂이 땋다 꽃다발

74~75쪽

옮기다 여덟 닭고기 많다 앉다

책값 핥다 싫다 떡볶이